AF383029

Essentials liefern aktuelles Wissen in konzentrierter Form. Die Essenz dessen, worauf es als „State-of-the-Art" in der gegenwärtigen Fachdiskussion oder in der Praxis ankommt. Essentials informieren schnell, unkompliziert und verständlich.

- als Einführung in ein aktuelles Thema aus Ihrem Fachgebiet
- als Einstieg in ein für Sie noch unbekanntes Themenfeld
- als Einblick, um zum Thema mitreden zu können.

Die Bücher in elektronischer und gedruckter Form bringen das Expertenwissen von Springer-Fachautoren kompakt zur Darstellung. Sie sind besonders für die Nutzung als eBook auf Tablet-PCs, eBook-Readern und Smartphones geeignet.

Essentials: Wissensbausteine aus den Wirtschafts, Sozial- und Geisteswissenschaften, aus Technik und Naturwissenschaften sowie aus Medizin, Psychologie und Gesundheitsberufen. Von renommierten Autoren aller Springer-Verlagsmarken.

Wolfgang Illig

Führung bei Veränderungsprozessen

Ein innovativer Ansatz
des Führungssystems der
fragmentierten Wissenselemente

Dr. Wolfgang Illig
Aystetten
Deutschland

ISSN 2197-6708   ISSN 2197-6716 (electronic)
essentials
ISBN 978-3-658-10768-0   ISBN 978-3-658-10769-7 (eBook)
DOI 10.1007/978-3-658-10769-7

Die Deutsche Nationalbibliothek verzeichnet diese Publikation in der Deutschen Nationalbiblio-
grafie; detaillierte bibliografische Daten sind im Internet über http://dnb.d-nb.de abrufbar.

Springer Gabler

Gedruckt auf säurefreiem und chlorfrei gebleichtem Papier

Springer Fachmedien Wiesbaden ist Teil der Fachverlagsgruppe Springer Science+Business Media
(www.springer.com)

Was Sie in diesem Essential finden können

- Klärung, ob die heutigen Standardführungsstile in Banken zur Bewältigung der Herausforderungen noch ausreichen
- Untersuchung, mit welchem Führungssystem es den Banken zukünftig gelingen kann, die Herausforderungen zu meistern
- Theoretische Modell der fragmentierten Wissenselemente
- Ziele der Untersuchung/ Forschungsstudie inkl. der zu lösenden Fragestellungen
- Ergebnisse der Forschungsstudie

Vorwort

In den letzten vier Jahren ist das Grundwerk, aus dem dieses Essentials hervorgeht, entstanden. Der innovative Verdienst dieser umfänglichen Arbeit – durch den Autor als Brancheninsider in berufsbegleitender Form geleistet – ist vorbildlich. Ziel war die Konzeption, die Durchführung und die Auswertung einer anwendungsorientierten, wissenschaftlichen Untersuchung, deren Ziel die Etablierung innovativer Managementansätze auf Basis fragmentierter Wissenselemente ist. Dabei stand das Herausarbeiten praxisrelevanter Schlussfolgerungen auf wissenschaftlicher Basis im Vordergrund. Die Bankenbranche ist aufgrund der aktuellen Situation von einer Fülle von Veränderungsprozessen geprägt. Die Thematik Führung bei Veränderungsprozessen in Banken in dieser Phase zu untersuchen fordert und bietet multi-dimensionale Betrachtungen und Einwicklungen. Die Bedeutung des Mitarbeiters als Individuum und wertvolle Ressource ist in solchen Veränderungsprozessen bedroht. Der Mitarbeiter wird zwischen dem Wunsch nach Stetigkeit und Konstanz einerseits und Umwälzung, Umstrukturierungen sowie Aktionismus anderseits, vernachlässigt. Dem Autor ist es gelungen in seiner Arbeit beide Extreme zu einem innovativen Ansatz des Führungssystems der fragmentierten Wissenselemente weiterzuführen. Dazu hat er sowohl praktisch, theoretisch-konzeptionell sowie durch eine herausragende empirische Untersuchung wertvolle Arbeit geleistet. Er konnte nachweisen, dass der innovative Ansatz des Führungssystems der fragmentierten Wissenselemente in der Praxis funktionieren kann. Es lassen sich so viele Schwachstellen der aktuellen Führungspraxis beseitigen und Vorteile für die Banken, die Mitarbeiter der Banken und die Führungskräfte in den Banken generieren.

Inhaltsverzeichnis

Einleitung 1

Der Autor arbeitet seit Beginn seiner Berufsausbildung, inzwischen seit knapp 30 Jahren, in Banken, davon über 20 Jahre selbst als Führungskraft. Seit Jahren nimmt der Autor jedoch wahr, wie sich die ganze Bankenlandschaft und die Arbeit in den Banken verändert und fühlt zudem, dass sich Banken mit den Themen Innovationen und Veränderungsprozesse schwer tun. Gerade die Führung sowie die vorhandenen Führungswerkzeuge haben sich trotz veränderter Umweltbedingungen kaum geändert. Gerade aber in der Führung, und dort ist ein Unterlassen bei den permanenten Veränderungsprozessen schon fast fahrlässig, erfordert dies aus Sicht des Autors neue Denkweisen. Der Autor ist sich sicher, dass nur mit neuen Denkweisen die aktuell vorhandenen Führungsschwächen und die aktuell vorhandenen Werkzeuge zur Führung bei Führungskräften verändert werden können. Die durchgeführte Studie[1] und die hieraus gewonnenen Erkenntnisse haben die Vermutung des Autors bestätigt und zeigen die Schwächen und Probleme der aktuellen Führung und die Herausforderungen an die Führungskräfte auf. Gleichzeitig ist es gelungen, mit einem Führungssystem fragmentierter Wissenselemente, eine neue Denkweise aufzuzeigen und deren mögliche erfolgreiche Implementierung in den Banken nachzuweisen. Es zeigten sich bedeutende Potenziale, die durch ein verändertes Führungssystem gehoben werden könnten. Gleichzeitig konnte ebenfalls nachgewiesen werden, dass durch diese neue Denkweise und deren Umsetzung mit dem Führungssystem fragmentierter Wissenselemente die Mitarbeiter mit einer höheren Motivation und Arbeitszufriedenheit und damit auch die Banken mit einer höheren Arbeitsproduktivität Vorteile generieren könnten. Allein schon die Feststellung, dass sowohl die Banken wie auch die Mitarbeiter hieraus Vorteile ziehen könnten, macht eine Umsetzung in der Praxis höchst interessant. Obwohl

---

[1] Auf das Fachbuch „Führung bei Veränderungsprozessen" ISBN 978-3-658-10298-2 SpringerGabler Verlag wird verwiesen.

© Springer Fachmedien Wiesbaden 2015
W. Illig, *Führung bei Veränderungsprozessen,* essentials,
DOI 10.1007/978-3-658-10769-7_1

sich der Autor im Klaren ist, dass nicht jede Veränderung zu einer Verbesserung führen kann, stehen aufgrund der nachgewiesenen Ergebnisse die Chancen für eine positive Umsetzung sehr gut. Der Autor regt die Banken an, es auf jeden Fall zu versuchen, denn „nicht jede Veränderung führt zu einer Verbesserung, aber um etwas zu verbessern, muss man es zunächst einmal verändern."[2]

---

[2] Georg Christoph Lichtenberg, deutscher Schriftsteller und Physiker, 1742–1799.

Der Autor hat zu dem Themengebiet „Führung" schon viel erlebt. Seit vielen Jahren ist der Autor zudem selbst Führungskraft der zweiten Ebene einer Bank und arbeitet damit in einer Art „Sandwichposition" als Führungskraft und gleichzeitig als Mitarbeiter seiner eigenen Führungskraft.[1] Aufgrund der genannten Erkenntnis sowie der über Jahre hinweg selbst gemachten Erfahrungen lassen den Autor vermuten, dass erhebliche Schwächen in der Führung der Banken vorhanden sind. Auch vermutet der Autor, dass selbst bei guten Führungskräften die vorhandenen Werkzeuge, wie beispielsweise die Standardführungsstile, nicht mehr ausreichen, die steigenden Anforderungen in den Banken[2] zu erfüllen. Warum die Situation in den Banken so ist, wie sie gerade ist, ist in der Literatur ein viel diskutiertes Thema. Ebenfalls viel diskutiert ist, was sich in den Banken zukünftig alles verändern muss. Zusammenfassend ergibt sich für den Autor eine klare Ist-Situation und ein relativ klares Soll-Bild. Wie aber der Weg vom Ist zum Soll ablaufen sollte, ist aus Sicht des Autors aber bisher kaum Gegenstand einer wissenschaftlichen Diskussion. Mit dieser Erkenntnis möchte es der Autor aber nicht einfach auf sich beruhen belassen. Es stellten sich dem Autor hierzu immer wieder folgende Fragen:

- Reichen die heutigen Standardführungsstile zur Bewältigung dieser Herausforderungen noch aus?
- Mit welchem Führungssystem kann es in den Banken gelingen die erforderliche Vernetzung des Wissens zur Verbesserung der erlebten Führung zu erhöhen?

---

[1] Vgl. Matyssek (2007, S. 15).

[2] Vgl. Alt et al. (2009, S. 229).

© Springer Fachmedien Wiesbaden 2015

W. Illig, *Führung bei Veränderungsprozessen,* essentials,

DOI 10.1007/978-3-658-10769-7_2

Der Autor ist der festen Überzeugung, dass die zukünftigen Anforderungen mit einem neuen Weg in der Führung zu bewältigen sind, und hat deshalb das Thema der Führung bei Veränderungsprozessen zum Kern seiner Forschungsarbeit gemacht.

Der Autor erwartet mit seiner Forschungsarbeit Antworten auf die vorgenannten Fragen zu finden, einen Beitrag zur Verbesserung der Führung in Banken, einen Beitrag zur Bewältigung der hohen Anforderungen in den Banken sowie die Sicherstellung deren wirtschaftlichen Überlebensfähigkeit durch eine verbesserte Führung zu leisten. Der Autor ist zudem der Meinung, dass erhebliche Potenziale vorhanden sind, die durch eine veränderte Führung gehoben werden könnten. Dies würde sowohl für den einzelnen Mitarbeiter (wie eine höhere Zufriedenheit und Motivation) als auch für die Bank (eine höhere Arbeitsproduktivität und mehr wirkliche Innovationen) mit Vorteilen verbunden sein. So werden weiter Informationen über die Erwartungen der Mitarbeiter auf die genannten Fragen sowie die Realisierbarkeit eines neuen Führungssystems erwartet. Der Autor maßt sich dabei keinesfalls an, bisheriges, empirisch abgesichertes und in der Literatur beschriebenes, Führungswissen ad absurdum zu führen, sondern versucht, bisheriges Wissen aufgrund sich dramatisch verändernder Rahmenbedingungen modifiziert zu adaptieren. Auch möchte der Autor nicht dem bisherigen Führungswissen in den aufgezeigten Schwachstellen widersprechen, sondern die vorhandenen Strukturelemente der Führung sinnvoll an die Gegebenheiten oder Anforderungen des jeweiligen geführten Mitarbeiters anpassen, um diesen sinnbildlich mit seinem „persönlichen Führungsstil" abzuholen bzw. die maximal vorhandene Leistungsfähigkeit abzurufen.

Fragestellungen 3

Ein Teil der Arbeit konzentrierte sich darauf, inwieweit die heute in den Banken angewandte Führung für zukünftige Anforderungen noch geeignet ist. Es ergibt sich somit als erste Zielsetzung für die Beantwortung die folgende erste Basisfrage:

> Mit den herkömmlichen, in der Literatur beschriebenen, Führungsstilen können zukünftige Veränderungsgeschwindigkeiten von Veränderungsprozessen sowie die erforderliche Innovationskraft bzw. Kreativität, und auch die hieraus abzuleitenden zukünftigen Anforderungen an die Führungskräfte, nicht mehr beherrscht werden.

Sollte die Beantwortung dieser ersten Basisfrage zu dem Ergebnis kommen, dass die herkömmlichen Führungsstile nicht mehr ausreichend sind, gilt es zu erforschen, wie dies dann gelingen kann. Hierbei sollte dieser Teil aus Sicht des Autors speziell auf die Vernetzung des Wissens und das Aufbrechen der bisherigen Führungsstrukturen abgestellt werden. Durch eine erschöpfende und auch zielgerichtete Analyse der Einflussfaktoren auf die Führung der Mitarbeiter soll der Handlungsvorschlag für die Bewältigung dieser Anforderungen an die Führung überprüft werden. Hierbei geht es auch darum, die Vorteile dieser Handlungsempfehlung sowohl aus Sicht der Bank wie auch aus Sicht der Mitarbeiter zu evaluieren. Es soll zudem untersucht werden wie die Einflussfaktoren sich im Gesamtzusammenhang verhalten. Abschließend ergibt sich hieraus als Zielsetzung die zweite Basisfrage:

> Ein „Führungssystem fragmentierter Wissenselemente" zur konfigurierbaren Vernetzung des Wissens durch Akkumulation von fragmentiertem Know-how und ein Aufbrechen bisheriger Führungsstrukturen ist eine Möglichkeit, zukünftige Anforderungen beherrschbar zu machen.

© Springer Fachmedien Wiesbaden 2015
W. Illig, *Führung bei Veränderungsprozessen*, essentials,
DOI 10.1007/978-3-658-10769-7_3

Führung

4

Die Darstellungen zur Führung bezieht sich hier auf Banken. Die Banken, bzw. die Branche der Banken, wurden zur Beweisführung und Darstellung ausgewählt. Eine Übertragbarkeit auf andere Branchen wird nicht vollständig möglich sein.

Als Führungsstil kann ein zeitlich überdauerndes, in Bezug auf bestimmte Situationen *konsistentes* Führungsverhalten von Führungskräften gegenüber den Mitarbeitern, verstanden werden.[1] Die heute in der täglichen Praxis immer noch vorhandenen, und in dieser Arbeit verwendeten, idealtypischen Führungsstile basieren auf den empirischen Forschungen von Lewin/Lippitt/White im Jahre 1939.[2] Hierbei handelt es sich um den autoritären, den kooperativen und den „laissez-fairen" Führungsstil.[3]

Bei dem autoritären Führungsstil, auch befehlender oder direktiver Führungsstil genannt, gibt die Führungskraft vor, was zu tun ist.[4] Das wichtigste Führungsmittel hierbei sind Anweisungen.[5] Die autoritäre Führungskraft verlangt, dass seine Anweisungen hierbei sofort befolgt werden.[6] Flexibilität, Handlungsspielraum oder gar individuelle Belange des Mitarbeiters finden keine Berücksichtigung.[7]

Den Gegensatz zu dem autoritären Führungsstil stellt der kooperative Führungsstil dar.[8] Bei diesem Führungsstil lenkt und koordiniert die Führungskraft

---

[1] Vgl. Wagner und Patzak 2007, S. 189.

[2] Vgl. Hentze et al. 2005, S. 237.

[3] Vgl. Pelzer 2009, S. 60.

[4] Vgl. Lieber 2007, S. 70.

[5] Vgl. Schön 2011, S. 45.

[6] Vgl. Pinnow 2012, S. 82.

[7] Vgl. Lieber 2007, S. 70.

[8] Vgl. Neges 2007, S. 30.

© Springer Fachmedien Wiesbaden 2015
W. Illig, *Führung bei Veränderungsprozessen,* essentials,
DOI 10.1007/978-3-658-10769-7_4

die Mitarbeiter, die als Partner gesehen werden.[9] Es ist hierbei die Trennung von Entscheidung, Ausführung und Kontrolle der zu verrichtenden Tätigkeiten gemildert.[10] Durch Delegation werden Entscheidungen auf diejenige Ebene verlagert, welche die größte fachliche Kompetenz besitzt.[11] Der Mitarbeiter wird zudem in den Zielbildungsprozess mit einbezogen.[12]

Bei einem „laissez-fairen" Führungsstil werden die Mitarbeiter von der Führungskraft als isolierte Individuen betrachtet, deren Motivation durch Freiheit bewirkt wird.[13] Hierbei werden den Mitarbeitern sehr viele Freiheiten und ein sehr hoher Grad an Selbstbestimmung gewährt.[14] Die Führungskraft gibt zwar auf Nachfrage die notwendigen Informationen, vereinbart aber keine Ziele, gibt keine Anweisungen noch gibt sie Hilfestellungen.[15] Diese Art der Führung ist damit durch Inaktivität und einen weitgehenden Verzicht auf Führung gekennzeichnet.[16] Dieser Führungsstil (in seiner Reinform; Anmerkung des Verfassers) enthält einen Widerspruch in sich, da er ein Führungsverhalten der „Nicht-Führung" beschreibt.[17]

Seit dieser Zeit hat es in der Literatur immer wieder Abwandlungen oder Modernisierungen dieser idealtypischen Führungsstile gegeben.[18] So z. B. erstellten Tannenbau und Schmidt 1958 mit dem Führungskontinuum ein Führungsmodell, mit einer siebenstufigen Typologie alternativer Führungsstile, anhand des Kriteriums der Partizipation in Entscheidungssituationen.[19] Lattmann unterscheidet hingegen in seiner alternativen Klassifikation in sechs unterschiedliche Ausprägungen (despotischer, paternalistischer, pädagogischer, partizipativer und partnerschaftlicher Führungsstil sowie die Selbstverwaltung).[20] Das Grid Verhaltensgitter nach Blake und Mouton basiert abweichend auf der Annahme, dass es zwei Orientierungen im Führungsverhalten gibt.[21] Die eine ist eine Sach- oder Produktionsorientierung, die andere tendenziell eher eine Menschen- oder Mitarbeiterorientierung, welche

---

[9] Vgl. Erdmann et al. 2006, S. 169.

[10] Vgl. Jung 2006, S. 219.

[11] Vgl. Hentze et al. 2005, S. 246.

[12] Vgl. Hentze und Graf 2005, S. 270.

[13] Vgl. Jung 2006, S. 219.

[14] Vgl. Freytag 2008, S. 17.

[15] Vgl. Pelzer 2009, S. 60.

[16] Vgl. Klaußner 2009, S. 197.

[17] Vgl. Jung 2006, S. 219.

[18] Vgl. Wiendieck und Wiswede 1990, S. 14.

[19] Vgl. Hintz 2013, S. 25.

[20] Vgl. Conrad et al. 2014, S. 335

[21] Vgl. Withauer 2011, S. 172.

den zwischenmenschlichen Beziehungen große Bedeutung einräumt.[22] Weber unterteilt hingegen in seinem idealtypischen Ansatz des tradierenden Führungsstils in die Ausprägungen patriarchalischer, charismatischer, autokratischer und bürokratischer Führungsstil.[23] Der Ansatz von Mintzberg fokussiert sich dagegen eher auf die Gestaltung einer Geisteshaltung (Mindset) von Führungskräften.[24] Das besondere an diesem Ansatz ist die lernende Reflexion über sich selbst, die persönlichen Beziehungen und das organisatorische Umfeld.[25] Die transformationale Führung nach Bass und Avolio legt dagegen Wert auf die Klärung der Erwartung an die Mitarbeiter, die Durchführung korrigierender Maßnahmen zur Sicherstellung der Zielerreichung, die Unterstützung von Mitarbeitern (wenn sie sich anstrengen) und auf klare Abgrenzungen von Zuständigkeiten und Verantwortung.[26] Eines der aktuellsten Modelle ist die dialogische Führung nach Dietz und Kracht. Inhalt dieses Führungsansatz ist der Gedanke, dass Mitarbeiter zunehmend aus eigener Einsicht und in eigener Verantwortung handeln.[27] Insgesamt ist ein Trend in Richtung der Weiterentwicklung zu zielbezogenen Führungs- und Managementkompetenzen zu erkennen.[28] Da es sich bei vielen in der Literatur beschriebenen und vorstehend kurz aufgezählten Führungsstilen oder Ausprägungen von Führungsstilen zumeist um Abwandlungen der genannten, idealtypischen Führungsstile handelt und diese alle zwischen den beiden Polen der idealtypischen Führungsstile liegen und nichts grundlegend neues bzw. für diese Arbeit relevantes Führungswissen enthalten, [29] werden diese nicht weiter bzw. tiefergehender behandelt.

Der ebenfalls häufig verwendete situative Führungsstil bezieht alle vorgenannten Führungsstile je nach Situation ein, und die Führungskraft muss situativ entscheiden, welcher der Führungsstile angebracht ist.[30] Eines der Modelle zum situativen Führen ist das Modell nach Hersey und Blanchard.[31] Sie unterscheiden zwischen einem eher aufgabenbezogenen und einem eher personenbezogenen Führungsstil in Abhängigkeit des jeweiligen Reifegrades der geführten Mitarbei-

---

[22] Vgl. Hornstein 2009, S. 19 ff.

[23] Vgl. Klaußner 2009, S. 36.

[24] Vgl. Schwuchow und Gutmann 2013, S. 85.

[25] Vgl. Pinnow 2012, S. 85 ff.

[26] Vgl. Bohne 2014, S. 14 ff.

[27] Vgl. Dietz und Kracht 2011, S. 2.

[28] Vgl. Schmidt 2011, S. 2.

[29] Vgl. Hentze et al. 2005, S. 253.

[30] Vgl. Jetter und Skrotzki 2008, S. 43.

[31] Vgl. Köppel 2007, S. 54.

ter.[32] Ebenfalls dem situativen Führungsstil zuzurechnen ist die Kontingenztheorie bzw. das Kontingenzmodell von Fiedler.[33] Er untersuchte Führung vor allem in der Abhängigkeit der Führungskraft von deren persönlichen Eigenschaften und der Beziehung zu dem geführten Mitarbeiter.[34] Auch hier ist es so, dass sicherlich noch weitere Ansätze und Modelle vorhanden sind und das Aufgezählte weiter vertieft werden könnte. Nachdem dies aber im weiteren Verlauf dieser Arbeit nicht benötigt wird, für den Kontext dieser Forschungsstudie keinen Mehrwert bietet und nur Abänderungen des bisher Bekannten hervorbringt, wird dies nicht weiter vertieft werden.

---

[32] Vgl. Glöckler und Maul 2010, S. 35.
[33] Vgl. York-Urban 2008, S. 120.
[34] Vgl. Gläser 2014, S. 877 ff.

Ziel der Untersuchung/ Forschungsstudie sowie die Fragen 5

Das Ziel der Untersuchung bzw. der Forschungsstudie ist es, die mit der Problemstellung verbundenen Fragen zu klären. Letztendlich können mit dieser Forschungsstudie die, anhand von eigenen Erfahrungen und Plausibilitäten aufgestellten, Hypothesen durch die, in dem Fragebogen enthaltenen, Forschungsfragen überprüft werden. Es geht hierbei im Wesentlichen um die Überprüfung der Annahmen und Schlussfolgerungen des Autors, die in den ausgedrückt wurden. Für das dadurch entstehende theoretische Konstrukt (ein Führungssystem fragmentierter Wissenselemente) soll zudem die Praxistauglichkeit überprüft werden. Des Weiteren sollen Vorteile für die Banken sowie deren Mitarbeiter und Führungskräfte aufgezeigt werden.

Das Untersuchungsproblem in Form der beiden aufgezeigten Fragen konnte auf der Ebene der wissenschaftlichen Theorie wie folgt formuliert werden:

> Mit den herkömmlichen, in der Literatur beschriebenen, Führungsstilen können zukünftige Veränderungsgeschwindigkeiten von Veränderungsprozessen sowie die erforderliche Innovationskraft bzw. Kreativität, und auch die hieraus abzuleitenden zukünftigen Anforderungen an die Führungskräfte, nicht mehr beherrscht werden.

© Springer Fachmedien Wiesbaden 2015
W. Illig, *Führung bei Veränderungsprozessen*, essentials,
DOI 10.1007/978-3-658-10769-7_5

> Ein „Führungssystem fragmentierter Wissenselemente" zur konfigurier-
> baren Vernetzung des Wissens durch Akkumulation von fragmentiertem
> Know-how und ein Aufbrechen bisheriger Führungsstrukturen ist eine Mög-
> lichkeit, zukünftige Anforderungen beherrschbar zu machen.

Die oben aufgestellten Hypothesen bilden somit den Kern der Forschungsstudie. Diese gilt es letztendlich zu beweisen oder zu verwerfen.

Die Hypothese enthält Aussagen, wie beispielsweise „…nicht mehr beherrscht werden" oder „Aufbrechen bisheriger Führungsstrukturen", welche sich für eine Problematisierungshypothese eignen. Mit diesen Problematisierungshypothesen soll das darin enthaltende „Problem" konkretisiert und detaillierter herausgearbeitet werden, um in einem dann später folgenden Schritt hieraus konkrete Fragestellungen ableiten zu können. Die ersten drei Teilhypothesen (Problematisierungshypothesen) lauten wie folgt:

Teilhypothese 1: (Problematisierungshypothese 1)

> Standard-Führungsstile sind für künftige Anforderungen an Führungskräfte
> nicht mehr ausreichend.

Teilhypothese 2: (Problematisierungshypothese 2)

> Ein situatives Handeln der Führungskraft im Sinne der in der Literatur
> beschriebenen „Mischung", je nach Situation eingesetzter Führungsstile
> in den verschiedensten Führungssituationen („Situativer Führungsstil"),
> wird bei den zukünftigen Anforderungen an die Führungskraft nicht mehr
> ausreichen.

Teilhypothese 3: (Problematisierungshypothese 3)

> Definierte Stellenbeschreibungen als arbeitsorganisatorische Grundlage
> starrer Aufbau- und Ablauforganisationen, denen jeweils nur einzelne Perso-
> nen vollständig im Organigramm zugeordnet werden, sind bei den künftigen
> Anforderungen an die Führung nicht mehr ausreichend. Definierte Stellen-
> beschreibungen behindern zudem die Kreativität und Innovationskraft.

Neben diesen Problematisierungshypothesen, welche zu einer Vertiefung des aufgeworfenen Problems dienen sollen, werden Lösungshypothesen näher beschrieben. Die Lösungshypothesen sollen dazu dienen, die jeweils aufgestellten Lösungsansätze, die letztendlich in dem Führungssystem fragmentierter Wissenselemente in der Bank münden sollten, zu untersuchen. Die Lösungsansätze sollen dabei helfen, die jeweilige Lösungshypothese sowie deren Umsetzung in der Praxis näher zu erläutern und die dann folgende Fragenableitung zu erleichtern. Die nächsten drei Teilhypothesen (Lösungshypothesen) sowie die jeweiligen Lösungsansätze lauten wie folgt:

Teilhypothese 4: (Lösungshypothese 4)

> Die Entwicklung der Anforderungen an die zu führenden Mitarbeiter schreitet so schnell voran, dass eine Person, hinsichtlich deren Aus- und Fortbildung, zukünftig immer weniger die notwendigen Anforderungen an eine definierte Stelle erfüllen kann.

Lösungsansatz:

Seit Jahrzehnten sind die Banken in gleicher Art und Weise strukturiert und in ihrer traditionellen Aufbau- und Ablauforganisation verwurzelt.[1] Diese Struktur setzt sich aus den fachlichen und zwischenmenschlichen Ressourcen einer Person bzw. eines Mitarbeiters zusammen.[2] Dies bedeutet, dass das, was ein Mitarbeiter an Wissen und Können einbringt, auf eben dies in der Bank beschränkt bleiben wird.[3] Dies führt zu daraus resultierenden Begrenzungen, sobald, egal welcher Art, Anders- oder Überforderungen auftreten.[4] Zusätzlich „zementiert" wird diese traditionelle Strukturvorstellung aus deren organisationstheoretischer „Festschreibung" auf die zweidimensionale Aufbau- und Ablauforganisation.[5] Es findet somit eine doppelte Festigung der traditionellen Strukturvorstellungen statt,[6] die einerseits bei den im jeweiligen Mitarbeiter beinhalteten Möglichkeiten, und andererseits in der Eingliederung in eine festgeschriebene Organisationsform liegen. Vor allem die festgeschriebenen Organisationsformen hemmen die Möglichkeiten der

---

[1] Vgl. Ili 2012, S. 364.

[2] Vgl. Faßnacht/Käse 2002, S. 176.

[3] Vgl. Richta 2012, S. 63.

[4] Vgl. Jones/Bouncken 2008, S. 249.

[5] Vgl. Scheer 2011, S. 41.

[6] Vgl. Krüger 2012, S. 119.

Mitarbeiter, rasch auf sich einstellende Änderungen reagieren zu können.[7] Von einem „tradionierten" Stelleninhaber wird insoweit genau das erwartet, was in der Stellenbeschreibung steht,[8] und nicht das, was – aufgrund erforderlicher, rasch umzusetzender Änderungen – von dem Mitarbeiter in der Zukunft erwartet wird, weil die Zeitsprünge so schnell vonstatten gehen, dass quasi eine permanente, immer mehr beschleunigte Änderung der Stellenbeschreibung die Folge wäre, was derzeit gänzlich unterbleibt. Zeitverlust und brachliegende menschliche Potenziale sind die Folge solch traditioneller Strukturvorstellungen.[9]

Zur Lösung dieses organisationstheoretischen und führungstheoretischen/-praktischen Problems ist deshalb angedacht, die Vernetzung verschiedener Wissensfragmente von unterschiedlichen (natürlichen) Personen (partielles Spitzen-Fachwissen, Wissensfragmente) durch die Führungskraft und Akkumulation dieser Wissensfragmente auf eine, also nicht mehr nur auf eine (natürliche) Person verankerte, sondern eine fiktive, organisatorische „Wissens-Stelle" vorzunehmen. Diese organisatorische „Wissen-Stelle" soll insoweit aus den Wissensfragmenten unterschiedlichen Personen-Fachwissens, nun kumuliert auf eine fiktive, organisationstheoretische bzw. organisatorische „Wissens-Person" bestehen. Es wird damit die Aufbauorganisation eine erste fiktionale Dimension, die zugleich eine zweite Dimension von Wissenselementen verschiedener nun natürlicher Personen zur Seite gestellt bekommt.

Eine graphische Gegenüberstellung einer beispielhaften aktuellen bzw. „traditionellen" sowie der möglichen, zukünftig „neuen" Aufbauorganisation ist in der Abb. 5.1 dargestellt:

Ausgehend von der beschriebenen, zukünftig „neuen" Aufbauorganisation kann mit dem gleichen Ansatz der Wissenselemente auch die Ablauforganisation „neu" gestaltet werden. In der Abb. 5.2 sind ebenfalls beispielhaft eine aktuelle bzw. „traditionelle" sowie eine mögliche, zukünftige „neue" Ablauforganisation abgebildet:

---

[7] Vgl. Kämper 2004, S. 28 ff.

[8] Vgl. Tschumi 2014, S. 128.

[9] Vgl. Bornewasser 2009, S. 160.

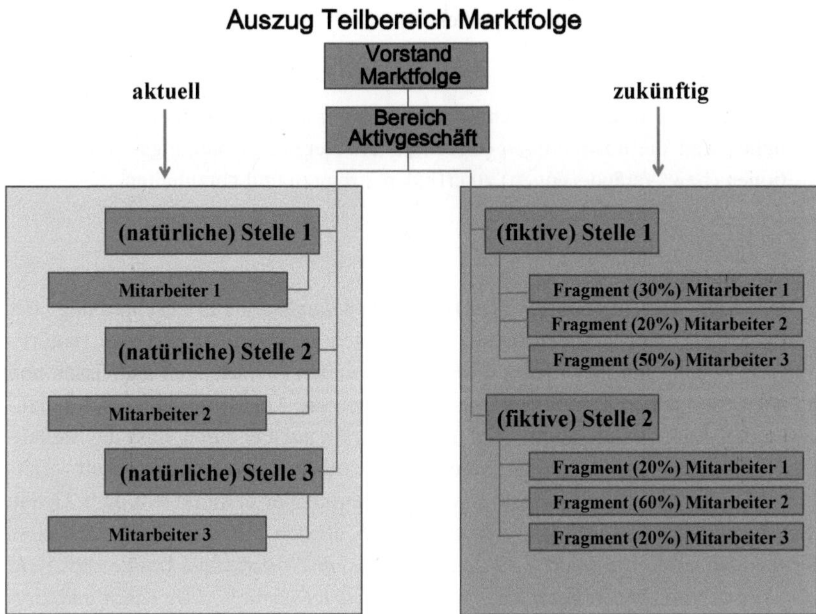

Abb. 5.1 Aufbauorganisation aktuell und zukünftig. (Quelle: selbst erstellt)

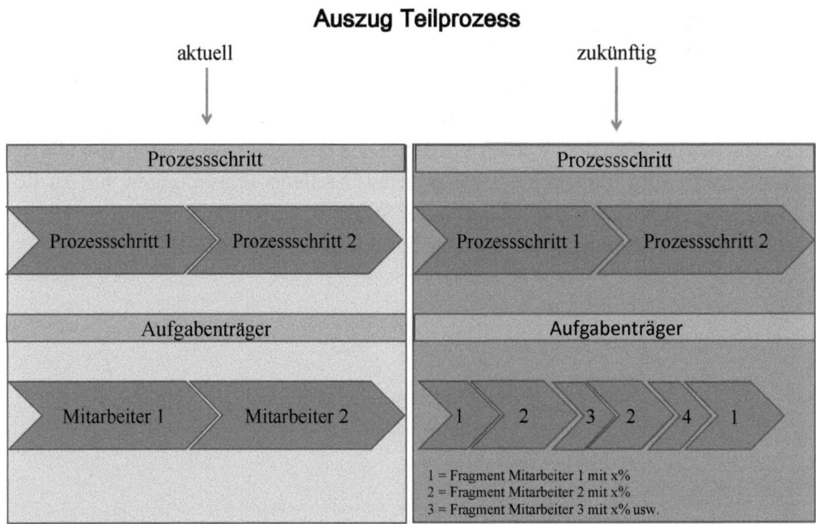

Abb. 5.2 Ablauforganisation aktuell und zukünftig. (Quelle: selbst erstellt)

Teilhypothese 5: (Lösungshypothese 5)

> Die heutige Führung ist zunehmend nicht mehr in der Lage, in der erforderlichen Zeit die notwendigen (Geschäftsfeld/Bereichs/Abteilungs-) Innovationen (bzw. Veränderungen) zu erfinden, kreieren und vorzuhalten.

Lösungsansatz:

Das zuvor Beschriebene zeigt, dass die oben dargestellte „Festschreibung" der Aufbauorganisation aus den daraus abgeleiteten Stellenbeschreibungen (natürlichen Personen) und den zudem hieraus abgeleiteten Erwartungen an Wissen und Können (der selben natürlichen Personen) quasi die Anpassung von rasch umzusetzenden Änderungen lähmt. Dies unter anderem auch dadurch, dass die Stellenbeschreibung an sich genau das widerspiegelt, was ja in der Vergangenheit – stets mit Blick in den „Rückspiegel" – vom Stelleninhaber erwartet wurde.[10] Genau dies hatte dieser zu erfüllen, andernfalls sah er sich mit disziplinarrechtlichen Konsequenzen konfrontiert.[11] *Gerade vor diesem Hintergrund konnte aus Sicht des Autors von den Stelleninhabern nicht erwartet werden, dass rasch umzusetzende Änderungen eigenständig und rasch aufgegriffen wurden.* Die Mitarbeiter verlassen sich demnach auf die Steuerung durch Führungskräfte und die jeweilige Umsetzung in die Aufbau- und Ablauforganisation.[12] Es scheint so zu sein, dass all dies Organisationen (künstlich) langsam und anfällig für die Nichtumsetzung rasch umzusetzender Änderungsbedürfnisse macht. Zur Lösung des Problems ist deshalb angedacht, dass jeder Stelleninhaber einer bislang auf eine (natürliche körperliche) Person konzentrierten Stelle künftig in die Lage kommen muss, seine eigene Stelle so flexibel zu modellieren, dass zukünftige Veränderungen (Innovationen) schneller realisiert werden können. Dies bedeutet eine Abkehr von starren (bedarfsweise vom Management verordneten) Stellenbeschreibungen, hin zu flexiblen, von Mitarbeitern modifizierbaren, Stellenbeschreibungen. Eine mögliche, beispielhafte Darstellung kann der Abb. 5.3 entnommen werden:

---

[10] Vgl. Harss/Liebich/Michalka 2011, S. 171.

[11] Vgl. Westermayer/Stein 2006, S. 31.

[12] Vgl. Janowsky 2000, S. 155.

Auszug fiktive Stelle 1

Stelleninhaber

> Fragment (30%) von Mitarbeiter 1
> Fragment (20%) von Mitarbeiter 2
> Fragment (50%) von Mitarbeiter 3

Hierarchische Einordnung

> Je nach Situation, Idee oder Innovation
>
> Mitarbeiter 1, Mitarbeiter 2 oder Mitarbeiter 3

Arbeitsinhalt

> Je nach Situation, Idee oder Innovation
>> Tätigkeit 1
>> Tätigkeit 2
>> Innovation 1
>> Innovation 2

Arbeits- und Wissensanforderungen

> Je nach Situation, Idee oder Innovation
>> Wissenselement 1
>> Wissenselement 2

Abb. 5.3 Stellenbeschreibung zukünftig. (Quelle: selbst erstellt)

Teilhypothese 6: (Lösungshypothese 6)

Eine Festlegung auf feste Strukturen in einer hierarchisch endgültigen Determinierung bzw. Unterscheidung in Führung und Geführte (Führungskraft und untergebener Mitarbeiter gemäß Organigramm und Stellenbeschreibung) hemmt die Innovationskraft, da Innovationen durch die Über- und Unterstellung, hinsichtlich der Erwartungshaltung der Unterstellten zum

Fortbestand des Unternehmens, von der Führungskraft ausgehen müssten. Nachdem damit aber ein großes Geistespotenzial der Geführten brach liegt, soll zukünftig eine (zumindest temporäre) Aufhebung der Unterscheidung zwischen Führung und Geführten möglich sein.

Lösungsansatz:

Noch deutlicher, als bei der Lösungshypothese 5, wird die Lösungsableitung bei dem nach Ansicht des Autors bedarfsweise sogar erforderlichen „Umkippen" der Aufbauorganisation, quasi „auf den Kopf". Es liegen unzählige, in der Literatur beschriebene, Erfahrungen vor, dass es gerade die klassische Hierarchie ist, die das Durchsetzen erforderlicher Änderungen hemmt.[13] Sei es, weil der Vorgesetzte das für die Änderung erforderliche Know-how nicht hat, und die Änderung deshalb „blockiert", sei es, weil der Vorgesetzte die Dringlichkeit in einer Prioritätenliste falsch einordnet, und Änderungen deshalb „liegenbleiben".[14] Zusätzlich deutet viel darauf hin, dass von den Führungskräften quasi verlangt wird, solche Neuerungen „auf die Bahn zu bringen", welche jedoch noch nicht alltäglich verfügbar sind. Bleiben diese aus, kommt es dadurch zu Blockaden von erforderlichen Veränderungen, da der Impuls hierzu von Untergebenen kommt, die allein dadurch schon den Vorgesetzten kompromittieren.[15] Dies schadet aus Sicht des Autors dem Änderungsadaptionsvermögen einer Organisation sowie auch deren Möglichkeit, proaktiv Innovationen den dringend notwendigen Raum zu geben. Zur Lösung des Problems, ist deshalb Folgendes angedacht:

Wer eine innovative Idee hat, muss demnach – kühn formuliert – auch zu deren Durchsetzung bzw. Realisierung, also bis hin zu einer wirtschaftlich nutzbaren Innovation, die Führung übernehmen und braucht sich nicht mehr der bisherigen Führungsstruktur unterzuordnen. Wer Ideen hat, muss demnach – in eben völligem „auf-den-Kopf-stellen" der Aufbauorganisation – auch führen dürfen. Wer keine Ideen (mehr) hat, muss demnach auch zurückstecken können, und zwar insoweit natürlich, als ihm aus dem Zurückstecken keine Nachteile ins Haus stehen dürfen. Ansonsten würde allein die Beobachtung des Untergangs betroffener Führungskräfte durch Dritte bzw. durch den Ideengeber selbst, eine erneute bzw. zukünftige Blockadehaltung für alle Änderungen oder Neuerungen auslösen. Wird also eine (innovative, praktikable) Idee formuliert, setzt dies quasi einen Führungsanspruch frei. Die Prüfungskompetenz und Realisierungsentscheidung (das Veto-Recht) hierüber darf deshalb nicht mehr (allein) bei der bisherigen Führungskraft sein.

---

[13] Vgl. Walter 2005, S. 245.

[14] Vgl. Knaese 2004, S. 45.

[15] Vgl. Müller 2008, S. 82.

Auswertung zu den Standard-Führungsstilen 6

Die Ergebnisse zeigen, dass 71,6 % der Befragten einen autoritären bzw. hierarchiebetonten Führungsstil als eher nicht geeignet ansehen, um zukünftigen, generellen Anforderungen an die Führung gerecht zu werden. Nur 10 % der Befragten halten diesen Führungsstil eher für den richtigen Führungsstil, um zukünftigen Anforderungen gerecht zu werden. Rund 64 % lehnen den „laissez-faire"-Führungsstil eher ab. Nur rund 17 % halten diesen Führungsstil eher für den richtigen, um den zukünftigen Anforderungen an die Führung in den Kreditinstituten gerecht zu werden. Es zeigt sich daraus aber auch, dass die Teilnehmer ein Mindestmaß an Führung wünschen und sich nicht selbst (ohne Führung, ohne Regulation, Grenzen oder Vorgaben) überlassen werden wollen. 52,9 % der Teilnehmer sind der generellen Auffassung, dass heutige Führungsstile stark verändert werden müssen. 17 % der Teilnehmer wollten sich nicht festlegen. 30,1 % halten die heutigen Führungsstile für zukünftig durchaus noch ausreichend. 69,3 % der Befragten waren der Auffassung, dass die heutigen Führungsstile verändert werden müssen, um zukünftigen Anforderungen gerecht zu werden. 12,2 % der Teilnehmer legten sich nicht fest. 18,5 % der Befragten sind der Auffassung, dass heutige Führungsstile auch zukünftig so bleiben können. Es kommt hier bereits klar zum Ausdruck, dass weitreichende Veränderungen bei den Führungsstilen der einzelnen Führungskräfte erforderlich sind. Es kam zudem erneut zum Ausdruck, dass, je erfolgreicher und je zufriedener, desto geringer das Verlangen nach einer Veränderung ist. In Summe bedeutet das, dass die Befragten statistisch weitestgehend zu dem Schluss kamen, dass heutige Führungsstile verändert werden müssten, um zukünftige Anforderungen an Führung erfüllen zu können.

Es konnte nachgewiesen werden, dass Standard-Führungsstile von den Befragten weniger gut eingewertet wurden, künftige Anforderungen an Führungskräfte zu bewältigen. Das „situative Handeln" scheint mithin bei den zukünftigen Anforderungen an Führungskräfte ebenfalls nicht mehr ausreichend zu sein, da eine

© Springer Fachmedien Wiesbaden 2015
W. Illig, *Führung bei Veränderungsprozessen,* essentials,
DOI 10.1007/978-3-658-10769-7_6

breite Mehrheit der Befragten den autoritären sowie den „laissez-faire" Führungsstil als für nicht mehr geeignet ablehnten. Ein situativer Führungsstil bedient sich
aber, je nach Situation, einzelner Elemente aus den genannten Führungsstilen.[1]
Wenn diese Elemente jedoch nicht mehr akzeptiert werden können, *wäre auch ein
situativer Führungsstil per se nicht mehr möglich*.[2] Abschließend lässt sich festhalten, dass mit recht prägnanten Ergebnissen empirisch ermittelt werden konnte, dass
Standard-Führungsstile zur Bewältigung zukünftiger Anforderungen an Führungskräfte in Kreditinstituten nicht mehr ausreichend zu sein scheinen.

---

[1] Vgl. Polzin und Weigl (2009, S. 30).
[2] Vgl. Joka (2002, S. 16, 17).

Auswertung zu der „Situative Führung"

Die Teilnehmer haben angegeben, dass sich 31,9 % der Führungskräfte situativ nicht anpassen. 15,9 % der Teilnehmer beantworteten diese Frage neutral. Die verbleibenden 52,1 % der Befragten waren der Auffassung, dass Führungskräfte in der Lage sind, sich der jeweils erforderlichen Führungssituation anzupassen. In Summe kann demnach festgehalten werden, dass die Befragten statistisch weitestgehend, und vor allem dort, wo Mitarbeiter zufrieden sind, zu dem Schluss kamen, dass Führungskräfte derzeit noch in der Lage sind, sich an die jeweils erforderliche Führungssituation anzupassen. Etwas weniger als die Hälfte der Befragten bezweifelt, dass sich die Führungskräfte überhaupt hinsichtlich des Führungsstils anpassen können. Bei diesem doch beachtlichen Teil würde situative Führung also nicht möglich sein, da die Führungskräfte die hierfür erforderlichen Voraussetzungen (Anpassungsvermögen an die Führungssituation) nicht mitbringen. Ob dieses begrenzte (47,9 % der Befragten stimmten dem nicht zu) situative Handeln im Sinne einer situativen Führung bei den zukünftig weiter steigenden Anforderungen an die Führungskraft noch ausreichen wird, kann deshalb zumindest bezweifelt werden. Somit dürfte ein großes Potenzial vorhanden sein, das in Zukunft gehoben werden sollte. 61,8 % der Befragten gaben an, dass sie auf keinen Fall eine unterschiedliche Behandlung von Mitarbeitern *in gleicher Sache* wünschten. 15,5 % der Befragten bewerteten hierzu neutral. Der Rest, also 22,6 % der Teilnehmer, könnte sich eine unterschiedliche Herangehensweise vorstellen. Es lässt sich bei diesem Fragenaspekt als Schlussfolgerung festhalten, dass eine unterschiedliche Behandlung der Mitarbeiter in Führungssituationen zur selben Sache von den Mitarbeitern nicht pauschal als gerecht empfunden wird. Die meisten Mitarbeiter hätten damit wohl tatsächlich ein Problem, wenn sie sich „schlechter" behandelt fühlen. Des Weiteren konnte festgestellt werden, dass 45,8 % der Befragten offensichtlich zunächst kein Problem mit einer „besseren Behandlung" hätten. 54,2 % jedoch sähen ein Problem, da diese demnach gar nicht besser „behandelt" werden möchten. Man darf eine be-

© Springer Fachmedien Wiesbaden 2015
W. Illig, *Führung bei Veränderungsprozessen*, essentials,
DOI 10.1007/978-3-658-10769-7_7

reits vorangeschrittene Persönlichkeitsreife der Befragten annehmen, eine situative „Schlechterstellung" *und* aber auch eine situative „Besserstellung", und sei diese auch nur situationsbedingt, mehrheitlich abzulehnen. Dies erscheint als ein gutes Resultat hinsichtlich der Authentizität vorhandenen, eigenen Führungserlebens der Teilnehmer sowie deren glaubwürdige Wiedergabe in Bezug auf die Plausibilität des Messergebnisses. Die Auswertung hat zudem ergeben, dass 7,6 % der Befragten der Auffassung sind, die Individualität von Mitarbeitern habe in der Führung keine Rolle zu spielen. Eine große Mehrheit von 88,5 % hält die Berücksichtigung von Individualität jedoch für erforderlich. 3,9 % der Teilnehmer bewerteten neutral. 2,00 % der Teilnehmer gaben an, dass die Berücksichtigung von Individualität der Mitarbeiter nicht zu einem höheren Unternehmenserfolg beitragen könnte. 3,5 % der Teilnehmer werteten neutral. Die verbleibenden ca. 95 % der Befragten gaben an, dass die Berücksichtigung der Individualität der Mitarbeiter in Führungssituationen den Unternehmenserfolg positiv beeinflussen würde. Insgesamt kann deshalb festgestellt werden, dass die Befragten zu dem Ergebnis gekommen sind, dass eine Berücksichtigung der Individualität von Mitarbeitern in Führungssituationen zu einem positiven Mehrerfolg für das Institut beitragen kann. Die Auswertung ergab weiter, dass 23,3 % der Teilnehmer der Auffassung sind, dass es den Führungskräften zukünftig nicht mehr gelingen wird, ihren Verantwortungsbereich zum optimalen Erfolg zu steuern. 23,4 % der Befragten bewerteten neutral. Die verbliebenen 53,4 % gaben an, dass es Führungskräften gelingen wird, trotz weiter steigender Anforderungen, ihren Verantwortungsbereich zum optimalen Erfolg zu führen. Im Endergebnis kann somit festgestellt werden, dass es Führungskräften auch zukünftig, trotz steigender Anforderungen an diese, gerade noch gelingen kann, den von ihnen verantworteten Bereich zum optimalen Erfolg zu steuern.

Nur knapp die Hälfte (47,9 %) der Befragten war der Auffassung, dass sich Führungskräfte situativ anpassen können oder wollen. Die Mehrheit gab zudem an, dass sie eine unterschiedliche „Behandlung" in unterschiedlichen Führungssituationen gar nicht erst wünscht, egal ob sie „besser" oder „schlechter" behandelt werden. Trotz der Überzeugung der Teilnehmer, dass die Individualität von Mitarbeitern zu berücksichtigen ist und diese zudem auch den Unternehmenserfolg positiv beeinflussen wird, glaubten nur rund die Hälfte (46,6 %) der Teilnehmer, dass es Führungskräften künftig noch gelingen kann, den eigenen Verantwortungsbereich optimal zu steuern. Das scheint eine beachtliche Mangelerscheinung in der Führungskultur zu sein, die zudem aktuell vermutete, abrufbare Potenziale nicht nutzt, woraus folgend das Funktionieren eines „Situativen Führungsstils" in Frage zu stellen ist.

Auswertung zur „Stelle bzw. Stellenbeschreibung" 8

Die Teilnehmer sollten hier angeben, ob diese der Meinung sind, dass sie die Tätigkeiten gemäß ihrer formellen Stellenbeschreibung optimal erfüllen können, oder ob sie eigene Defizite empfinden, die z. B. ein Kollege ausgleichen könnte, welcher eben aus formellen Gründen nicht zuständig ist. 39,2 % der Teilnehmer gaben an, dass sie nicht mehr empfinden, alle Tätigkeiten ihrer Stelle optimal erfüllen können. 53,3 % der Teilnehmer waren jedoch der Auffassung, alle Tätigkeiten gemäß ihrer Stellenbeschreibung optimal zu erfüllen. Die Anzahl der Befragten, die sich hier, aufgrund zugesicherter Anonymität wohl wahrheitsgemäß äußernd, nicht mehr in der Lage sehen, alle Anforderungen an ihre Stelle erfüllen zu können, liegt mit ca. 39 % sehr hoch. In Summe bedeutet das, dass zwar die Mehrheit der Befragten noch der Auffassung ist, dass sie künftig alle Tätigkeiten ihrer Stelle erfüllen können, aber auch, dass bereits rund 39 % der Befragten dort nicht mehr hinreichen. Gerade aufgrund des hohen Anteils der Teilnehmer, welche angaben, dass Mitarbeiter schon jetzt nicht mehr alle Anforderungen an die von ihnen ausgefüllte Stelle leisten können, zeigt sich ein bedeutendes Potenzial an zu hebenden Ressourcen. 43,3 % aller Teilnehmer gaben an, dass diese bei sämtlichen Teilaufgaben nicht ihr volles Wissenspotenzial und ihre Kreativität ausschöpfen können.45,5 % gaben an, ihr volles Potenzial bei all ihren Teilaufgaben ausschöpfen zu können. Letztendlich lässt sich aus all dem ableiten, dass zwar die Mehrheit der Befragten der Auffassung ist, ihr volles Potenzial ausschöpfen zu können, aber bereits knapp die Hälfte der Befragten und der überwiegende Teil der unzufriedenen Mitarbeiter verneint dies bereits. Gerade aufgrund dieses beträchtlichen Anteils von Mitarbeitern, die schon nicht mehr ihr volles Potenzial ausschöpfen können, wäre aus Sicht des Verfassers ein weiteres, wesentliches Indiz, dass Führung bzw. das Führungssystem verändert werden müsste, um dieses Potenzial zu heben. Zudem deutet das Ergebnis darauf hin, dass dies mit heutigen Führungsstilen auch nicht mehr vollständig gelingen kann. Weiter untersucht wurde, ob die Teilnehmer ver-

© Springer Fachmedien Wiesbaden 2015
W. Illig, *Führung bei Veränderungsprozessen*, essentials,
DOI 10.1007/978-3-658-10769-7_8

muten, dass ein Stelleninhaber auch in Zukunft alle Teilbereiche bzw. Aufgaben einer Stelle, trotz sich stetig ändernder Umweltbedingungen, vollständig bewältigen kann. Bei dieser Frage werteten 35,3 % der Teilnehmer ein, dass sie zukünftig nicht mehr alle Tätigkeiten erfüllen könnten. 47,7 % der Teilnehmer gaben an, dass sie auch zukünftig alle Tätigkeiten erfüllen könnten. In Summe lässt sich sagen, dass die Mehrheit der Befragten zu dem Ergebnis kam, dass jeder Mitarbeiter nur diejenigen Tätigkeiten aus der aktuellen Stellebeschreibung, bzw. Teile dieser, erledigen sollte, die ihm liegen und die er auch gut erfüllen kann sowie, dass ein fast gleicher Anteil den zukünftigen Anforderungen bereits nicht mehr gerecht wird. 26,6 % der Befragten glauben, dass Führungskräfte die Befragten nicht auf zukünftige Anforderungen vorbereiten können. 60,7 % der Teilnehmer sind der Meinung, dass dies gelingen kann. Abschließend kann festgehalten werden, dass zwar die Mehrheit der Befragten, mit einem Anteil von rund 60 %, die Meinung vertraten, dass es ihrer Führungskraft gelingen kann, sie so auszubilden und zu motivieren, dass diese, mit Engagement und unter Ausschöpfung ihres vollen Potenzials, sich auch künftig dem gestiegenen Anforderungsprofil stellen können. Gerade bei unzufriedenen Befragten dürfte dies allein mit der heutigen Herangehensweise der Führung allerdings kaum mehr gelingen. 60,5 % der Teilnehmer gaben an, dass sie keine Angst haben, zukünftige Anforderungen nicht mehr im vollen Umfang erfüllen zu können. Der Rest der Teilnehmer teilte diese Auffassung nicht. Letztendlich ändert dies nichts an der Aussagekraft der Wertungen, dass die Mehrheit der Studienteilnehmer keine Angst hat, zukünftig noch alle Anforderungen an ihre Stelle vollständig erfüllen zu können. Dieser Wert lässt zudem darauf schließen, dass, trotz der vorhandenen Defizite, das Vertrauen an die Führungskraft so hoch gewichtet werden kann, dass die Mehrheit keine Angst vor zukünftigen Anforderungen hat. Daraus lässt sich folgern, dass es erneut an der Führung bzw. der Art des Führungssystems liegt, vorhandenes, brachliegendes Potenzial zu heben. Die Auswertung dieses Fragenteils hat ergeben, dass knapp die Hälfte der Befragten sich in der Lage fühlt, allen künftigen Anforderungen gemäß ihrer Stellenbeschreibung voll zu entsprechen. Auch schätzt nur knapp die Hälfte der Teilnehmer ein, überhaupt ihr volles Potenzial und ihre Kreativität ausschöpfen zu können. Nur rund 1/3 der Befragten waren damit der Auffassung, dass sie zukünftig noch den Erwartungen an ihre Stelle gerecht werden können. Ein weiteres Viertel der Befragten geht zudem davon aus, dass es ihren Führungskräften nicht mehr gelingen kann, sie so auszubilden und zu motivieren, dass sie die Anforderungen an ihre Stelle zukünftig bewältigen können. Rund 60 % haben keine Angst vor zukünftigen Anforderungen. Die Gesamtheit der dargestellten Ergebnisse, wie die großen Anteile der Bewertungen von Teilnehmern, die ihr volles Potenzial bereits nicht mehr ausschöpfen können, die meinen, künftig nicht mehr alle Tätigkeiten verrichten zu können sowie diejenigen, die Angst vor künftigen Anforderungen haben, beweist, dass sich die Führung verändern muss Definierte Stellenbeschreibungen, als arbeitsorganisatorische Grundlage starrer Aufbau- und Ablauforganisationen, denen jeweils einzelne Personen im Organigramm zugeordnet werden, scheinen bei zukünftigen Anforderungen an die Führung, nicht mehr ausreichend zu funktionieren. Zudem ist damit auch bewiesen, dass definierte Stellenbeschreibungen die Kreativität und Innovationskraft hindern.

Hier sollte überprüft werden, ob es möglich ist, die Vernetzung verschiedener Wissensfragmente von unterschiedlichen Personen (partiell abzugreifendes Spitzenfachwissen bzw. Wissensfragmente) durch die Führungskraft und Akkumulation dieser Wissensfragmente auf eine, nun nicht mehr auf eine natürliche, körperliche Personen verankerte, sondern eine fiktive, organisatorische „Wissens-Stelle" zu realisieren.

23,1 % der Teilnehmer gaben an, dass kein Mitarbeiter existiere, der Teile ihrer eigenen Tätigkeit besser erledigen könnte. 49,4 % der Teilnehmer gaben jedoch an, dass zumindest Teilbereiche von anderen Mitarbeitern besser und effizienter erledigt werden könnten. In Summe bedeutet das, dass die Hälfte der Befragten dass Teilbereiche ihrer, in den Stellenbeschreibungen definierten Aufgaben, von anderen Mitarbeitern besser ausgeführt werden könnten. Dies weist darauf hin, dass hier ein erhebliches Potenzial vorhanden ist, welches durch Veränderung in der Führung gehoben werden sollte, wenn tatsächlich Tätigkeiten bei rund der Hälfte der Befragten vorhanden sind, die einerseits von anderen Mitarbeitern besser erledigt werden können und diese sich andererseits ja bereits im unmittelbaren (kollegialen) Umfeld der Befragten befinden. Zudem wurde festgestellt, dass sich 8,8 % der Befragten nicht zutrauen würden, Tätigkeiten anderer Stellen (gerne oder besser) zu erledigen. 73,1 % gaben an, auch Tätigkeiten anderer Stellen (gerne, gut oder sogar besser) erfüllen zu können. Die Beantwortung dieser Frage *mit über 73 % Zustimmung* lässt den Schluss zu, dass Mitarbeiter in den Banken von ihren Führungskräften oft nicht entsprechend ihrer Fähigkeiten oder Neigungen eingesetzt werden. Ebenfalls kann daraus geschlossen werden, dass *enorme* Ressourcen vorhanden zu sein scheinen, die bisher durch die Führung bzw. den Führungsstil, das Führungssystem nicht gehoben werden konnten. Abschließend kann festgehalten werden, dass die Befragten recht übereinstimmend zu dem Ergebnis kamen, dass Tätigkeiten oder Teilbereiche bei anderen Stellen existieren, welche die Befragten

© Springer Fachmedien Wiesbaden 2015

W. Illig, *Führung bei Veränderungsprozessen*, essentials,

DOI 10.1007/978-3-658-10769-7_9

(gerne, gut oder sogar besser als der aktuelle Stelleninhaber) ausfüllen könnten. Dieses Ergebnis deutet darauf hin, dass sich das Führungssystem verändern sollte und dass das aufgezeigte Führungssystem fragmentierter Wissenselemente hierzu geeignet sein könnte, um dieses Potenzial tatsächlich zu heben. Weiter wurde abgefragt, ob sie, sollten sie ausschließlich Tätigkeiten verrichten dürfen, welche sie gerne erledigen, ihre Leistungen in diesen Teilbereichen erheblich besser wären, als in den Teilbereichen, die diese weniger gerne erledigen. Von den Befragten werteten 7,0 % die Frage damit, dass sie bevorzugte Teilaufgaben nicht besser erledigen könnten. 84,7 % glaubten jedoch schon, dass, sofern sie ausschließlich Tätigkeiten verrichten würden, die diese bevorzugen würden, ihre Leistungen in diesen Teilbereichen erheblicher besser wären, als in den denjenigen, die sie nicht so gerne ausführen. Die gemessenen Werte zeigen welches Potenzial bei einer Veränderung des Führungssystems gehoben werden könnte. Eine weitere Frage diente der Konkretisierung des vorangegangenen Untersuchungsstandes, in dem die Teilnehmer beurteilen sollten, wie sich die *Motivation*[1] verändern würde, wenn diese nur Tätigkeiten verrichten, die sie gerne machen würden. 89,7 % der Befragten gaben an, dass sich die Motivation verbessern würde, wenn sie nur Tätigkeiten verrichten könnten, welche sie bevorzugen. Nur bei 10,3 % der Teilnehmer würde sich die Motivation nicht verändern bzw. verschlechtern. Allein die Perspektive, nur noch Tätigkeiten verrichten zu können, die jemand gerne macht, erhöht bei rund 90 % der Befragten die Motivation. Da Motivation einen lang anhaltenden Einsatz der Kräfte sichert und dabei hilft, Müdigkeit und Erschöpfung zu überwinden und Ziele zu erreichen,[2] spiegelt dieses Ergebnis ein wichtiges Potenzial zur Steigerung der Mitarbeiterleistung wieder. Der Verfasser stellt sich die Frage, warum also Führungskräfte den Mitarbeitern nicht per se Tätigkeiten zuordnen, bei denen das Motivationsniveau sich allein deshalb steigern lässt. Dies deutet darauf hin, dass Führungsstile den obigen Sachverhalt in sich aufnehmen müssten, oder aber von den Mitarbeitern ansonsten wieder nur als weniger motivierend wahrgenommen werden. Insoweit müsste man die heutige Aufgabendifferenzierung, auch aus Sicht der wirtschaftswissenschaftlichen Führungslehre, vor genau diesem Hintergrund in Frage stellen, da der herkömmliche Ansatz nicht mehr ausreichend zu sein scheint. Sofern die Befragten nur Tätigkeiten ausführen können, die ihnen quasi „Spaß machen", würde sich bei 89,2 % der Teilnehmer die empfundene Zufriedenheit erhöhen. Nur bei 10,8 % der Befragten würde sich die empfundene Zufriedenheit nicht verändern bzw. sogar verschlechtern. Eine hohe empfundene Zufriedenheit, insbesondere auch mit der gefühlten Führungsleistung, weist eine positive Wirkung auf das psychische Wohlbefinden der Mitarbeiter aus.[3] Wenn

---

[1] Motivation im Allgemeinen.
[2] Vgl. Comelli und von Rosenstiel 2011, S. 1.
[3] Vgl. Badura et al. 2011, S. 113.

Mitarbeiter ausschließlich Tätigkeiten verrichten, die sie gerne machen, würde sich die empfundene Zufriedenheit bei knapp 90 % der Teilnehmer erhöhen. Auch hier ist demnach ein bedeutendes Potenzial vorhanden, welches durch Führung bisher nicht gehoben werden konnte. Sollte es gelingen, solch bisher ungenutztes Potenzial zu heben, dürfte eine Verbesserung der Zufriedenheit bei Mitarbeitern in Folge auch den wirtschaftlichen Ertrag der Kreditinstitute steigen lassen.[4] Der Einsatz bzw. die Realisierung eines Führungssystems fragmentierter Wissenselemente könnte beitragen, diese aufgezeigten Potenziale auf die obige, sehr einfache Herangehensweise, zu heben. Dies ließ sich durch diesen Untersuchungsgegenstand ableiten. Das Ergebnis bei der weiteren Wertung bezüglich der empfundenen Arbeitsproduktivität ist in etwa identisch mit den beiden vorangegangenen Fragen. Auch hier würde sich bei der überwiegenden Mehrheit der Teilnehmer (88 %) die Arbeitsproduktivität verbessern. Die verbesserte, empfundene Arbeitsproduktivität wird auch die Folge der vorab genannten höher empfundenen Motivation und Zufriedenheit darstellen.[5] Natürlich wirken die hier absolvierten Fragestellungen, ob sich die Arbeitszufriedenheit, Leistung und Motivation erhöhen, wenn Mitarbeiter per se nur noch das tun dürfen, was ihnen gefällt, geradezu simplifiziert bis zu absurd vor dem Hintergrund gewünschten wissenschaftlichen Vergehens. Die Fragestellung sollte deshalb auch nicht nur vordergründig dasjenige überprüfen, was durch die Fragestellung bzw. Fragenanordnung augenscheinlich überprüft wurde. Es ging dabei viel mehr um einen tieferen Sinn, ob denn das Empfinden der Befragten tatsächlich überhaupt noch zu (imaginativen) Freiräumen vordringen kann, wenn sich die Führungsroutinen in die fragenadäquaten Richtungen bewegen. Haben Mitarbeiter dadurch ein (neues) Gefühl, dass man mehr oder weniger das tun dürfe, was einem eher liegt,[6] und können diese das dann nach gegebenenfalls erfolgter organisatorischer Veränderung durch die Nutzung fragmentierter Wissenselemente auch wirklich im Alltag erleben, dann dürfte sich aufgrund des Eingangsempfindens tatsächlich auch eine Leistungssteigerung erwarten lassen. Die sich hieraus ergebenden Auswirkungen bei der Realisierung eines Führungssystems fragmentierter Wissenselemente sind in der Abb. 9.1 zusammengefasst:

Gerade für die Kreditinstitute als Arbeitgeber sollte demnach die Beantwortung solcher Fragen mit einer der entscheidenden Punkte sein, über ein Führungssystem fragmentierter Wissenselemente nachzudenken, da über die ansteigende Arbeitsproduktivität ein wirtschaftlicher Erfolg abschöpft werden könnte.

Die Teilnehmer wurden weiter befragt, ob sie sich vorstellen können, ihre gleichbleibende Arbeitsleistung, anstatt unter einer, zukünftig auch unter verschiedenen

---

[4] Vgl. Künzel 2005, S. 368.

[5] Vgl. Braunschweig 2001, S. 254.

[6] Die tatsächliche Wirkung hinsichtlich der fachlichen und persönlichen Eignung oder auch bezüglich des empfundenen Mitspracherechtes kann hier nicht exakt differenziert werden.

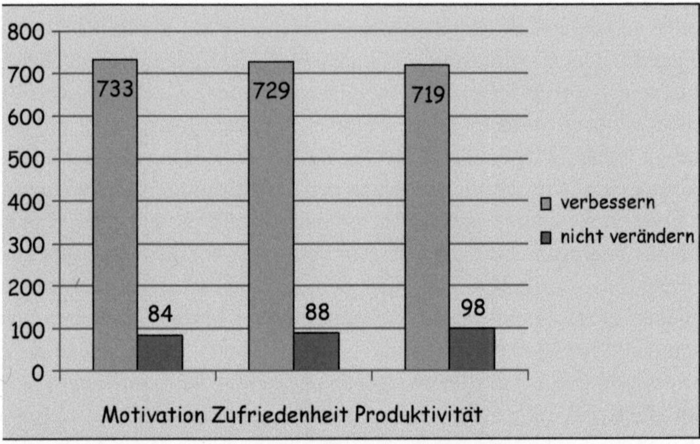

Abb. 9.1 Auswirkungen eines Führungssystems fragmentierter Wissenselemente. (Quelle: selbst erstellt)

Führungskräften zu verrichten, wenn sie ausschließlich Tätigkeiten erledigen könnten, die ihnen besonders gut liegen bzw. bei welchen sie ihre volle Kreativität entfalten könnten. Diese Fragestellung ist für die Überprüfung eines Führungssystems der fragmentierten Wissenselemente aus Sicht des Autors mit entscheidend. Sollten die Mitarbeiter generell eher nicht bereit sein, ihre Arbeitsleistung auf mehrere Führungskräfte zu verteilen, würde ein Führungssystem fragmentierter Wissenselemente kaum funktionieren können. 27,2 % der Befragten gaben an, dass es ihnen schwerfallen würde, unter verschiedenen Führungskräften zu arbeiten. 52 % der Teilnehmer könnten sich durchaus vorstellen, unter verschiedenen Führungskräften zu arbeiten, sofern sie die Tätigkeiten ausüben könnten, die ihnen liegen. Dies lässt auch den Schluss zu, dass letztendlich nicht unbedingt die Führungskraft sondern die Tätigkeit im Vordergrund steht. Zusammenfassend kann aus Sicht des Autors dadurch festgestellt werden, dass die Befragten statistisch nachgewiesen zu der Wertung kamen, sich vorstellen zu können, ihre konstante Arbeitsleistung, anstatt „unter" einer, zukünftig auch „unter" verschiedenen Führungskräften einzubringen, wenn diese ausschließlich Tätigkeiten erledigen könnten, die ihnen besonders gut liegen bzw. bei denen sie ihre volle Kreativität entfalten könnten. Eine der Grundvoraussetzung zur Realisation eines Führungssystems fragmentierter Wissenselemente hätte man insoweit erhalten. Wenn die befragten Mitarbeiter nicht bereit gewesen wären, „unter" mehreren Führungskräften zu arbeiten, wäre eine Fragmentierung der Arbeits- und Wissensleistung von Mitarbeitern in der Praxis kaum realisierbar. Mit der folgenden Frage wurde dieses Ergebnis weiter konkretisiert, um zu ergründen, wie viele übergeordnete Führungskräfte sich die Teilnehmer vorstellen könnten.

Die Hälfte der Befragten gab an, dass Teilbereiche aus ihrer Stellenbeschreibung von anderen Mitarbeitern besser erfüllt werden könnten. Zudem gaben über 73 % der Teilnehmer an, dass diese Tätigkeiten anderer Stellen besser, als der aktuelle Stelleninhaber, ausführen könnten. Knapp 85 % der Befragten gab zudem an, dass diese bessere Leistungen erzielen könnten, wenn sie ausschließlich Tätigkeiten verrichten dürften, die ihnen liegen. Bei jeweils ca. 90 % der Befragten würden sich auch die Motivation und die Zufriedenheit erhöhen sowie die Arbeitsproduktivität verbessern. Eine der Voraussetzungen zur Einführung eines Führungssystems fragmentierter Wissenselemente, die Verteilung der Arbeitsleistung auf mehrere Führungskräfte, wäre für mehr als die Hälfte der Teilnehmer vorstellbar. Auch mit der damit erforderlichen Offenlegung der individuellen Stärken und Schwächen hätte eine große Mehrheit der Befragten mit rund 94 % bzw. 83 % keine Probleme. Die Schlussfolgerung, dass die Entwicklung der Anforderungen zu führender Mitarbeiter extrem schnell voranschreitet und dass Betroffene, auch hinsichtlich deren Aus- und Fortbildung annehmen, zukünftig immer weniger die notwendigen Anforderungen an eine definierte Stelle erfüllen zu können, wird dadurch weiter konsistent. Auch der aufgestellte Ansatz, dass die Vernetzung verschiedener Wissensfragmente unterschiedlicher (körperlicher) Personen durch Führungskräfte und Akkumulation solcher Wissensfragmente auf eine nicht mehr nur als (körperlich) Personen verankerte, sondern eine organisatorisch fiktive „Wissens-Stelle" wäre damit in seiner Beweisführung nachvollziehbar und könnte bzw. sollte, zur Schöpfung des damit verbundenen enormen Potenzials in der täglichen Praxis, eingeführt werden.

Auswertungen bezüglich der „Innovation"

Die Teilnehmer mussten bei dieser Frage beurteilen, ob ihnen mit ihrer Stellenbeschreibung quasi ein Rahmen vorgegeben ist, den diese – trotz eventuell anerkannter Hemmungswirkung rascher Änderungserfordernisse – nicht verlassen dürfen. Insgesamt 61,6 % der Befragten ist mit ihrer Stellenbeschreibung ein Rahmen vorgegeben, den diese offensichtlich per se nicht verlassen dürfen. Die restlichen 22,2 % gaben an, per se keinen Rahmen vorgegeben erhalten zu haben und Tätigkeiten nach freiem Willen machen zu können. In Summe lässt sich somit feststellen, dass die Befragten statistisch ausgewertet angaben, dass in deren Stellenbeschreibung ein Rahmen mittels klar abgegrenztem Arbeitsfeld vorgegeben ist, den diese, auch zu einer eventuell rasch erforderlichen Realisierung von Innovationen bzw. Veränderungen, nicht verlassen dürfen. Zudem sollten die Teilnehmer beurteilen, ob Innovationen in ihrem Arbeitsbereich für diese besonders wichtig sind. Bei dieser Frage gaben 5,4 % der Teilnehmer an, dass für sie keine Innovationen erforderlich seien und alles so bleiben könne wie bisher. Die verbleibenden 69,8 % gaben an, dass Innovationen an ihrem Arbeitsplatz als für notwendig erachtet werden. In einer letzten Frage aus dem Teilbereich Innovation wurden die Teilnehmer befragt, ob diese glauben, dass in einem zukünftig eventuell fragmentierten Arbeitsbereich deutlich mehr wirkliche Innovationen entstehen könnten, wenn solche Fragmentierungen durch Änderung von Stellenbeschreibungen möglich wäre. Diese Fragestellung ist, in Bezug auf die eventuelle Realisierung eines Führungssystems fragmentierter Wissenselemente, ebenfalls von Bedeutung. Wenn in einem Führungssystems fragmentierter Wissenselemente keine höhere Innovationsquote als bisher erwartet werden kann, ist eine Einführung dieses Systems in den Banken für diesen konkreten Zweck weniger brauchbar. 8,6 % der Befragten gaben an, dass bei einem eventuell zukünftig fragmentierten Arbeitsbereich keine Innovationen mehr möglich wären. 75,5 % der Teilnehmer waren jedoch der Auffassung, dass bei einem eventuell fragmentierten Arbeitsbereich deutlich mehr Innovationen

© Springer Fachmedien Wiesbaden 2015
W. Illig, *Führung bei Veränderungsprozessen, essentials,*
DOI 10.1007/978-3-658-10769-7_10

möglich wären. In Summe lässt sich daraus auch schlussfolgern, dass die Befragten statistisch überprüft angaben, dass in einem zukünftig eventuell fragmentierten Arbeitsbereich mehr wirkliche Innovationen entstehen könnten.

Rund 20 % der Befragten gab an, dass diese keinen, durch ihre Stellenbeschreibung vorgegebenen, Rahmen hätten und sich „frei bewegen" können. Obwohl knapp die Hälfte der Teilnehmer vorab die Wertung abgaben, dass in ihrem Institut und an ihrem Arbeitsplatz Innovationen möglich wären, erachten jetzt rund 70 % Innovationen als für an ihrem Arbeitsbereich (dringend) erforderlich. Mehr als ¾ der Teilnehmer gaben an, dass in einem zukünftig fragmentierten Arbeitsbereich deutlich mehr wirkliche Innovationen realisiert werden könnten, wenn eine Fragmentierung durch bedarfsweise, selbst eingeleitete, Änderungen von Stellenbeschreibungen möglich wäre. Der aufgestellte Lösungsansatz, dass jeder Inhaber einer bislang auf eine (körperliche) Person fixierten Stelle künftig auch in der Lage sein sollte, seine eigene Stellebeschreibung so flexibel modellieren zu können, dass zukünftige Veränderungen bzw. Innovationen schneller adaptiert bzw. realisiert werden können, wie auch, dass, wer eine innovative Idee habe, zu deren Durchsetzung die Führung übernehmen dürfe, könnte damit seine Bestätigung erfahren.

Auswertung bezüglich der „Strukturen" 11

33,9 % der Befragten werteten die gegebenen Strukturen praktisch als positiv. Sie gaben damit an, dass sie, unabhängig der Strukturen, stets ihre volle Kreativität und Innovationsfähigkeit entfalten könnten. 44,2 % waren jedoch der Auffassung, dass Kreativität und Innovationsfähigkeit durch bestehende Strukturen begrenzt werde. Dies könnte demnach im Umkehrschluss darauf hindeuten, dass, bei einem Wegfall solcher Strukturen, die allgemeine empfundene Arbeitszufriedenheit der Befragten sowie die empfundene Zufriedenheit mit der Führungsleistung der Führungskraft steigt. Auch wenn sich hier mit 44,2 % der Befragten nur knapp die Hälfte der Teilnehmer durch bestehende Strukturen in ihrer Kreativität und Innovationsfähigkeit eingeengt fühlen, wäre hier ein nicht zu unterschätzendes Leistungspotenzial für die Banken vorhanden, dem Aufmerksamkeit entgegengebracht werden sollte. Bei rechnerisch rund 650.000 Beschäftigten im deutschen Bankgewerbe[1] ergäben ca. 44 % rund 286.000 Mitarbeiter, die sich hinsichtlich deren Kreativität und Innovationsfähigkeit eingeengt fühlen. Selbst bei kleineren Genossenschaftsbanken mit beispielsweise 200 Mitarbeitern, in welchen der größte Teil der Befragten arbeitet, stellen 44 % (= 88 Mitarbeiter) bereits ein bedeutendes, derzeit nicht gehobenes, Potenzial dar. Abschließend werteten somit knapp die Hälfte der Befragten und allen voran die Unzufriedenheit empfindenden Befragten statistisch überprüft, dass bestehende Strukturen die allgemeine Kreativität und Innovationskraft begrenzen. Egal, wie die Strukturen sind, gaben 9,7 % der Teilnehmer an, sich dadurch in ihrer Innovationskraft nicht beeinflussen zu lassen (also positiv). 58,8 % der Teilnehmer werteten jedoch in Richtung einer Auffassung, dass sich Kreativität und

---

[1] Vgl. AGV Banken, 2013, S. 44

© Springer Fachmedien Wiesbaden 2015
W. Illig, *Führung bei Veränderungsprozessen,* essentials,
DOI 10.1007/978-3-658-10769-7_11

Innovationsfähigkeit steigern lassen würden, wenn diese bestehende Strukturen durchbrechen könnten. Abschließend lässt sich schlussfolgern, dass die Befragten statistisch überprüft mehrheitlich der Auffassung waren, dass Kreativität und Innovationskraft generell steigen würden, wenn z. B. zur Realisierung von Innovationen bestehende Strukturen verändert bzw. aufgelöst werden könnten. Wenn sich Leitungsmacht zur Realisierung von Innovationen übertragen ließe, schätzen 76,3 % der Befragten ein, dass sich Innovationen generell oder schneller realisieren lassen würden. Nur 4,7 % der Befragten gaben an, dass selbst die Übertragung von „Leitungsmacht" eher keine Innovationen generieren könnte. Letztendlich lässt sich hieraus schlussfolgern, dass die Befragten mehrheitlich die Ansicht vertreten, dass Innovationskraft steigen würde, wenn die z. B. zur Realisation von Innovationen die organisatorische „Leitungsmacht" übernehmen und sich zur Unterstützung selbst ein Team zusammenstellen könnten. 91,6 % der Befragten werteten, sich vorstellen zu können, unter einem hierarchisch „niedrigeren" Mitarbeiter zu arbeiten, wenn dieser eine Idee für eine Innovation hat. Nur 4,0 % der Befragten lehnten dies ab. Eine erste Darstellung der Antworten deutet somit auf ein sehr eindeutiges Ergebnis hin. Abschließend kann hieraus die Schlussfolgerung gezogen werden, dass die Befragten statistisch überprüft deutlich mehrheitlich zu dem Schluss kamen, sich durchaus vorstellen zu können, unter einem hierarchisch „niedrigeren" Mitarbeiter zu arbeiten, sollte dieser eine Idee z. B. für eine Innovation haben, die interessant ist und begeistert.

Knapp die Hälfte der Befragten wertete, dass Kreativität und Innovationsfähigkeit durch bestehende Strukturen eingeengt werden. Rund 60 % der Befragten gaben an, dass Kreativität und Innovationsfähigkeit sich steigern lassen würde, wenn diese bestehende Strukturen „durchbrechen" könnten. Mehr als ¾ der Teilnehmer ist zudem der Meinung, dass mehr Innovationen realisiert werden könnten, wenn diese sich zur Unterstützung ein Team zusammenstellen könnten. Ebenfalls mehr als ¾ der Teilnehmer meinten, dass der Druck auf Führungskräfte abnehmen würde und sich zudem Arbeitsergebnisse verbessern würden. Mit der damit verbundenen Voraussetzung, „unter" einem hierarchisch „niedrigeren" Mitarbeiter zu arbeiten, hätte die überwiegende Mehrheit von 92 % der Befragten keine Probleme. Es wurde erneut deutlich, dass noch Potenzial durch veränderte Führung bzw. einem anderen Führungssystem, z. B. mittels fragmentierter Wissenselemente, gehoben werden könnte.

Ergebniszusammenführung und Schlussfolgerungen 12

In diesem letzten und abschließenden Kapitel werden

- die Ergebnisse dieser Arbeit zusammengeführt,
- Schlussfolgerungen abgeleitet,

Das Fazit fasst die Erkenntnisse zur Übersicht am Ende des Kapitels nochmals zusammen.

12.1 Zusammenführung der Ergebnisse

Die Ausgangslage für eine Studie insgesamt schien gut:

- Rund 85 % der Teilnehmer werteten das Niveau ihrer eigenen Arbeitszufriedenheit als zufrieden bzw. sehr zufrieden ein.
- Knapp 71 % der Teilnehmer waren auch mit der Führungsleistung ihrer direkt vorgesetzten Führungskraft zufrieden.

Damit war eindeutig, dass die Teilnehmer nicht vordergründig bereits, z. B. aufgrund eines erheblich vorhandenen Frustrationspotenzials, etwas Neuem besonders aufgeschlossen waren. Auf den ersten Blick könnte man hier die Grundsituation so einschätzen, dass deshalb Neuerungen in der Führung eigentlich weniger erforderlich sein. Bei näherer Untersuchung konnte anhand der nachfolgenden Ergebnisse h gezeigt werden, dass jedenfalls Standard-Führungsstile für künftige Anforderungen an Führungskräfte kaum mehr ausreichend zu sein scheinen. Folgende, diesbezügliche Ergebnisse konnten hierzu festgehalten werden:

© Springer Fachmedien Wiesbaden 2015
W. Illig, *Führung bei Veränderungsprozessen,* essentials,
DOI 10.1007/978-3-658-10769-7_12

- Standardführungsstile werden mehrheitlich abgelehnt.
- Nur 30 % der Teilnehmer halten die heutigen Führungsstile als in der Zukunft noch für ausreichend.
- Rund 69 % der Teilnehmer halten weitreichende Veränderungen der heutigen Führungsstile als für erforderlich.

Trotz einer anscheinend vorhandenen „Grundzufriedenheit" haben die Teilnehmer recht meinungseinheitlich votiert, dass heutige Führungsstile die zukünftigen Veränderungen kaum mehr bewältigen können und deshalb zukünftig in der Führung weitreichende Veränderungen erforderlich seien. Es konnte auch hier nachgewiesen werden, dass auch ein situatives Handeln der Führungskraft im Sinne des in der Literatur beschriebenen „Mischungsstils" (je nach Situation einzusetzender Führungsstil in verschiedenen Führungssituationen („situativer Führungsstil")) für die zukünftigen Anforderungen an die Führungskraft nicht mehr ausreichen dürfte. So ergab die Befragung beispielsweise, dass

- eine Mehrheit von ca. 62 % keine unterschiedliche Behandlung von Mitarbeitern wünschte,
- rund 89 % eine Berücksichtigung der Individualität in der Führung für erforderlich hält,
- rund 95 % der Auffassung sind, dass die Berücksichtigung der Individualität eines jeden Mitarbeiters den Unternehmenserfolg maximal beeinflusse.

Ergebnisse zeigen zudem, dass – vermutlich zu behebende – Schwächen in der Führung vorhanden sein dürften. Wenn beispielsweise 89 % der Befragten eine Berücksichtigung von Individualität in der Führung für erforderlich halten, kann dies ein starkes Indiz dafür sein, dass den Führungskräften möglicherweise die hierfür erforderlichen Werkzeuge nicht zur Verfügung stehen bzw. die ihnen vorgegebenen Rahmenbedingungen dies nicht zulassen. Diese Rahmenbedingungen wurden näher analysiert. Die Teilnehmer der Studie beantworteten die diesbezüglichen Fragen wie folgt:

- Rund 50 % der befragten Mitarbeiter können die Tätigkeiten ihrer Stelle derzeit noch optimal ausführen.
- Knapp 45 % der Befragten können bei allen ihren Aufgaben derzeit noch ihr volles Potenzial ausschöpfen.
- Rund 35 % der Teilnehmer glauben, dass diese zukünftig alle Tätigkeiten ihrer Stelle noch vollständig erfüllen können.

- Ca. 60 % der Befragten glauben, dass es ihrer Führungskraft gelingen kann, diese zukünftig so zu motivieren und auszubilden, dass sie alle zukünftigen Anforderungen erfüllen können.
- Rund 60 % der Teilnehmer haben keine Angst, alle zukünftigen Anforderungen an ihre Stelle zu erfüllen.

Auch mit dieser Fragenanordnung konnte gezeigt werden, dass Schwachstellen in der Führungstheorie bzw. bei den vorhandenen Werkzeugen der Führungskräfte erkennbar sind. Jede festgestellte Schwachstelle bzw. die aufgefundenen Defizite bieten aus Sicht des Verfassers auch Potenzial bei Mitarbeitern, welches bei der Beseitigung solcher Schwächen gehoben werden könnte. Genau die Hebung solchen Potenzials ist auch erforderlich, um die immer höher steigenden formalen wie führungstechnischen Anforderungen an Banken, und damit auch an die Mitarbeiter, bewältigen zu können. Wie aber kann solches Potenzial mittels Führung bzw. eines Führungssystems gehoben werden, wenn die hierfür aktuell zur Verfügung stehenden Führungsstile und Werkzeuge von den befragten Mitarbeitern abgelehntwerden? Ein Lösungsansatz im Sinne eines vielleicht auch innovativen Denkansatzes wollte der Verfasser aufstellen. Eine Möglichkeit hier, die zukünftigen Anforderungen eher beherrschbar zu gestalten, wäre eine konfigurierte Vernetzung von Wissen durch Akkumulation fragmentierten Know-hows sowie in einem organisatorisch rekonfigurierbarem „Aufbrechen" bisheriger Führungsstrukturen in Form eines Führungssystems fragmentierter Wissenselemente. Hierbei wurde Folgendes gefunden:

- Die Hälfte der Teilnehmer glauben, dass Teilbereiche ihrer eigenen Stelle von anderen Kollegen besser erledigt werden könnten.
- Ca. 73 % der Befragten sind der Auffassung, dass sie Teilbereiche anderer Stellen besser als der aktuelle Stelleninhaber erfüllen könnten.
- Rund 85 % der befragten Mitarbeiter glauben, dass sie bessere Leistungen erzielen könnten, wenn sie eher Tätigkeiten verrichten, die sie gerne machen.
- Bei rund 90 % aller Teilnehmer würden sich die Motivation im Allgemeinen, die Zufriedenheit und die Arbeitsproduktivität verbessern, wenn sie eher Tätigkeiten verrichten, die sie gerne erledigen.
- Rund 27 % würde es dabei schwer fallen, ihre Arbeitsleistung „unter" mehreren Führungskräften zu leisten.
- Fast 95 % hätten keine Probleme damit, ihre wirklichen Stärken offenzulegen.
- Rund 84 % hätten keine Probleme damit, ihre wirklichen Schwächen offenzulegen.

Auch hier scheint ein erhebliches Potenzial vorhanden zu sein, welches durch das vorgeschlagene Führungssystem fragmentierter Wissenselemente gehoben werden könnte. Allein das Befragungsergebnis, dass sich bei rund 90 % aller Teilnehmer die Motivation im Allgemeinen, die Zufriedenheit und die Arbeitsproduktivität merklich verbessern würde, sollte eigentlich schon ausreichen, ein solches Führungssystem in Banken zu realisieren. Um mit diesem Führungssystem, neben den vorgenannten Potenzialen, auch zukünftige Veränderungen und erforderliche Innovationen verbessert angehen zu können, wurde dies überprüft. Es konnten die folgenden Ergebnisse festgestellt werden:

- Knapp 62 % der Befragten erhielten mittels deren Stellenbeschreibung ein klar abgestecktes Arbeitsfeld, das sie nicht verlassen dürfen.
- Fast 70 % der Teilnehmer halten Innovationen an ihrem Arbeitsplatz als für besonders wichtig.
- Mehr als 75 % der Mitarbeiter glauben, dass in einem fragmentierten Arbeitsbereich deutlich mehr wirkliche Innovationen möglich wären.

Die Hebung der hier vorhandenen Potenziale in Form von vermehrt wirklichen Innovationen sollte durch ein Führungssystem fragmentierter Wissenselemente ebenfalls möglich sein. Es wurde untersucht und letztendlich auch durch die gefundenen Ergebnisse bestätigt, dass, wer eine innovative Idee hat, sich zu deren Realisierung, nicht mehr generell einer unumstößlichen, starren Organisations- und Führungsstruktur unterwerfen darf.

- Knapp 45 % der Mitarbeiter glauben, dass bestehende Strukturen (Über- bzw. Unterordnungsverhältnisse) ihre Kreativität und Innovationsfähigkeit einengen.
- Rund 59 % aller Befragten glauben, dass ein „Aufbrechen" solcher starrer Strukturen die Innovationsfähigkeit steigern könnte.
- Über 76 % der Teilnehmer glauben, dass die Innovationsfähigkeit sich steigern lassen würde, wenn diese zur Realisierung von Ideen ein eigenes temporäres Team zusammenstellen könnten.
- Ca. 79 % aller teilnehmenden Befragten glauben, dass der Druck auf Führungskräfte abnehmen würde, wenn sich diese zur Realisierung von Innovationen Teams aus motivierten Mitarbeitern zusammenstellen könnten.
- Fast 92 % der Befragten können sich vorstellen, „unter" einem hierarchisch „niedrigeren" Mitarbeiter zu arbeiten, wenn dieser eine sinnvoll erscheinende Idee für Innovationen hat.

Das latente Potenzial, welches in der Anwendung eines solchen Führungssystems fragmentierter Wissenselemente liegt, konnte herausgearbeitet werden und unterstreicht den vorgestellten neuen Ansatz. Die Studie konnte damit aus Sicht des Verfassers umfassend zeigen, dass ein Führungssystem fragmentierter Wissenselemente in Banken funktionieren könnte, Vorteile für Mitarbeiter und Führungskräfte erzielen würde und somit auch deutliche wirtschaftliche Vorteile für die Banken erreicht werden könnten. Die sich aus der Studie ergebenden Schlussfolgerungen sind nachfolgenden aufgezeigt.

12.2 Schlussfolgerungen

Die aus der Studie bzw. dieser Arbeit gewonnenen Ergebnisse sollten auch neue Erkenntnisse für die Wirtschaftswissenschaften erzielen lassen. Gleichzeitig konnten aus diesen wissenschaftlichen Erkenntnissen praktikable Anwendungsmöglichkeiten für

- die Mitarbeiter in den Banken,
- die Führungskräfte in den Banken,
- die Banken selbst

abgeleitet werden.

Besondere Potenziale aus den Erkenntnissen vermutet der Autor in der Bankenbranche. Die Nutzung bzw. Hebung solcher Ressourcen und der erwarteten Steigerung der Arbeitsproduktivität könnte erhebliche Kapazitäten freisetzen, die zur Bewältigung zukünftiger Anforderungen, ohne die Rekrutierung von weiterem Personal, genutzt werden könnten. Die erforderlichen Innovationen würden sich zudem leichter und schneller realisieren lassen. Auch für zukünftiges Wachstum würden eher keine neuen Mitarbeiter, die auch aufgrund des Fachkräftemangels immer aufwändiger auf dem Markt akquiriert werden müssten, benötigt werden. Der Verfasser weist klar darauf hin, dass es ihm im Zusammenhang mit dieser Studie nicht um den Abbau von Arbeitsplätzen geht, sondern ausdrücklich um die Bewältigung von anstehenden Herausforderungen in der Zukunft. Bei der Hebung eines Potenzials von nur 5 % bei der Hälfte von 650.000 Mitarbeitern im deutschen Bankgewerbe, ergäben sich 16.250 Mitarbeiterkapazitäten, die für die Bewältigung neuer Herausforderungen, ohne zusätzliche Kosten, zur Verfügung gestellt werden könnten. Selbst bei einer Genossenschaftsbank mit „nur" rund 200 Mitarbeitern wären dies noch 5 Mitarbeiterkapazitäten.

Auch für die Mitarbeiter sieht der Verfasser vermehrt Potenzial für Verbesserungen oder persönliche Weiterentwicklung. Wenn Mitarbeiter vermehrt Tätigkeiten verrichten könnten, die diesen liegen, wäre ihre Arbeitszufriedenheit höher und die Motivation auch im Allgemeinen höher. Die Mitarbeiter hätten zudem die Möglichkeit, traditionell starre Organisationsstrukturen aufzubrechen, und auch mehr Innovationen „unter ihrer Leitungsmacht" umzusetzen.

Führungskräfte hätten es aus Sicht des Verfassers bei einem Führungssystem fragmentierter Wissenselemente vermutlich ein wenig einfacher. Dadurch, dass Mitarbeiter generell zufriedener und motivierter einzuschätzen sind, deutet viel darauf hin, dass diese damit auch leichter zu führen wären. Es dürfte sich wahrscheinlich nachweisen lassen, dass der mentale Druck auf Führungskräfte in Banken sinken würde. Eine grundlegende Ausbildung von Führungskräften, die erforderlichen Rahmenbedingungen zur Umsetzung solch eines Führungssystems sowie eine spezifische, auf die Anforderungen dieses Führungssystems, zugeschnittene Qualifikation, werden aber erforderlich sein. Diese gilt es durch weitergehende Studien noch zu erforschen. Die Verifikation bzw. Einbettung des Konzepts der fragmentierten Wissenselemente in die Bankorganisation werden nachfolgend beschrieben.

12.3 Fazit

Das Fazit wurde zur besseren Übersichtlichkeit in die „Dimensionen"

- allgemeine Erkenntnisse,
- Theorieableitung und
- neue Erkenntnisse für die Wirtschaftswissenschaften

unterteilt.

Fazit 1 Kurzzusammenfassung der *allgemeinen Erkenntnisse*:

- Führung von heute funktioniert kaum mehr auf einer methodisch reinen Basis altherkömmlicher Führungsmodelle.
- Erhebliche Schwächen in bisherigen Führungsmodellen konnten nachgewiesen werden.
- 70 % der Befragten beurteilten heutige Führungsstile nicht als zukunftstauglich.
- Es sieht mehr danach aus, dass Mitarbeiter bestehende Führungssysteme „pauschal" ablehnen, aber das „eher Gewünschte" kaum präzise beschreiben können.

- Ferner konnte gezeigt werden, dass eine allgemeine, an Führungspersonen gekoppelte, Führungsunzufriedenheit nicht vorhanden zu sein scheint.
- 85 % der Befragten waren pauschal arbeitszufrieden.
- 71 % der Befragten waren pauschal führungszufrieden.
- 69 % der Befragten halten jedoch Veränderungen der Führungsmodelle als für erforderlich.
- Situative Führung wurde als für eher nicht zukunftstauglich beurteilt.
- Eine „ungleiche" Behandlung von Mitarbeitern in der gleichen Führungssituation wurde von 62 % abgelehnt.
- 95 % der Befragten sehen maximalen Einfluss auf den Unternehmenserfolg durch Mehrberücksichtigung von Individualität.
- Ein Funktionieren eines Führungsmodells unter Nutzung fragmentierter Wissenselemente konnte nachgewiesen werden.

Fazit 2 Kurzzusammenfassung der *Theorieableitung*:

- Eine gefundene Lösung dieses Dilemmas wäre die Nutzung fragmentierter Wissenselemente als *den* eigentlichen Prozess bzw. *die* eigentliche Führungsstruktur, die aufgrund der enthaltenen maximalen Flexibilität praktisch kaum als „Ablaufstruktur" oder „Führungsgrundsatz" je statisch festgeschrieben werden kann. Es ist demnach die Fragmentierung *der* Prozess bzw. *die* Führungsstruktur, die hochflexibel in sich selbst, quasi – je nach Änderungsbedarf – selbststeuernd, erkennen und auf alle erforderlichen Fragmente je nach Sofortbedarf zugreifen.
- Dies bedeutet, dass eine „Festschreibung" auf einen Prozess oder nur ein Führungssystem quasi automatisch schon wieder nur *einen* denkbaren Ablauf bzw. *ein* denkbares Führungssystem in einer beliebigen gegenwärtigen Situation beschreibt. Sobald sich jedoch nur das Geringste ändert, was in der heutigen Bankenwelt geradezu permanent der Fall ist, dann ist genau *dieser* Prozess oder *dieses* Führungssystem jedoch schon nicht mehr in der Lage, das erforderliche *Neue* in ebendiesen/s aufzunehmen.
- Die hier aufgestellte Theorie ging vielmehr davon aus, dass sich ein multiänderungsfähiges Umfeld nicht in fest „betonierten" Abläufen und Strukturen je beschreiben ließe, sondern vielmehr in vom jeweils Einzelnen abrufbaren Wissensfragmenten. Genau *das* jedoch, lässt sich wieder als ein Prozess oder Führungssystem beschreiben, nämlich als eine neue dritte Dimension, auf die im Zeitstrahl mulitänderungsadäquat, neben der Aufbau- und Ablauforganisation, als „Wissenszuhilfenahmedimension" und „Wissensbereitstellungsdimension" zugegriffen werden kann.

Fazit 3 Kurzzusammenfassung der neuen Erkenntnisse für die Wirtschaftswissenschaften:

- Die Bildung einer weiteren Strukturdimension (fragmentierter Wissenselemente) als neue dritte Dimension, neben den bisherigen beiden (Aufbau- und Ablaufdimensionen) wird empfohlen.
- Die Art und Möglichkeiten des Zugriffs von Organisationsmitgliedern auf die fragmentierten Wissenselemente determinieren ein neues Führungssystem.
- Die Bereitstellung und Bereithaltung von fragmentierten Wissenselementen soll als neues Kulturelement im Rahmen der Unternehmensphilosophie verstanden werden.
- Die Beschleunigung der Angleichung von ständig erforderlichen Systemanpassungen an die menschlichen Möglichkeiten wird damit als eher zukunftstauglich aufgefasst.

Probleme kann man niemals mit derselben Denkweise lösen, durch die sie entstanden sind
Albert Einstein ·

Was Sie aus diesem Essential mitnehmen können

- Die Bildung einer Strukturdimension (fragmentierter Wissenselemente) als neue dritte Dimension, neben den bisherigen beiden (Aufbau- und Ablaufdimensionen) würde in der Praxis funktionieren
- Die Bereitstellung und Bereithaltung von fragmentierten Wissenselementen in der Führung kann als neues Kulturelement im Rahmen der Unternehmensphilosophie verstanden werden
- Die Funktionsfähigkeit eines Führungssystems der fragmentierten Wissenselemente konnte nachgewiesen werden
- Durch veränderte (innovative und zukunftsgerichtete) Führung wäre das Heben von enormen Ressourcen möglich
- Führung muss sich verändern, um zukünftig noch erfolgreich wirken zu können.

© Springer Fachmedien Wiesbaden 2015
W. Illig, *Führung bei Veränderungsprozessen*, essentials,
DOI 10.1007/978-3-658-10769-7

Literatur

AGV, Arbeitgeberverband des privaten Bankgewerbes e. V. (2013). Bericht 2012/2013, Internet-veröffentlichung. http://www.agvbanken.de/AGVBanken/Publikationen/_Jahresberichte/GB_AGVBanken-2012-2013_ES.pdf. Zugegriffen: 11. Feb. 2014.

Alt, R., Bernet, B., & Zerndt, T. (2009). *Transformationen von Banken, Praxis des In- und Outsourcings auf dem Weg zur Bank 2015* (1. Aufl.). Heidelberg: Springer.

Badura, B., Ducki, A., Schröder, H., Klose, J., & Macco, K. (2011). *Fehlzeiten-Report 2011, Führung und Gesundheit* (1. Aufl.). Berlin: Springer.

Bohne, C. (2014). *Blended Coaching als Instrument der Personal- und Organisationsentwicklung* (1. Aufl.). Hamburg: Diplomica.

Bornewasser, M. (2009). *Organisationsdiagnostik und Organisationsentwicklung* (1. Aufl.). Stuttgart: Kohlhammer.

Braunschweig, C. (2001). *Grundlagen der Managementlehre* (1. Aufl.). München: Oldenbourg.

Comelli, G., & von Rosenstiel, L. (2011). *Führung durch Motivation* (4. Aufl.). München: Vahlen.

Conrad, P., Staehle, W., & Sydow, J. (2014). *Management, eine verhaltenswissenschaftliche Perspektive* (8. Aufl.). Stuttgart: Vahlen.

Dietz, K., & Kracht T. (2011). *Dialogische Führung, Grundlagen, Praxis, Fallbeispiele* (3. Aufl.). Frankfurt a. M.: Campus.

Erdmann, G., Popp, H., & Tolksdorf, M. (2006). *Betriebswirtschaft/Volkswirtschaft* (4. Aufl.). Karlsruhe: Versicherungswirtschaft.

Faßnacht, M., & Käse, I. (2002). *Marketingstrategie und Preisfindung für Unternehmensgründer in Dimension der Unternehmensgründung* (1. Aufl.). Berlin: Erich Schmidt.

Freytag, K. (2008): *Das Spannungsverhältnis von Teamarbeit und Führung* (1. Aufl.). Hamburg: Diplomica.

Gläser, M. (2014). *Medienmanagement* (3. Aufl.). Stuttgart: Vahlen.

Glöckler, U., & Maul, G. (2010). *Ressourcenorientierte Führung als Bildungsprozess* (1. Aufl.). Wiesbaden: VS Verlag für Sozialwissenschaften.

Harss, C., Liebich, D., & Michalka, M. (2011). *Konfliktmanagement für Führungskräfte* (1. Aufl.). München: Vahlen.

Hentze, J., & Graf, A. (2005). *Personalwirtschaftslehre 2* (7. Aufl.). Bern: Haupt.

© Springer Fachmedien Wiesbaden 2015

W. Illig, *Führung bei Veränderungsprozessen*, essentials,
DOI 10.1007/978-3-658-10769-7

Hentze, J., Graf, A., Kammel, A., & Lindert, K. (2005). *Personalwirtschaftslehre: Grundlagen, Funktionen und Modelle der Führung* (4. Aufl.). Bern: Haupt.

Hintz, A. (2013). *Erfolgreiche Mitarbeiterführung durch soziale Kompetenz* (2. Aufl.). Wiesbaden: Gabler.

Hornstein, J. (2009). *Modellgestützte Optimierung des Führungsstils während eines Turnarounds* (1. Aufl.). Wiesbaden: Gabler.

Ili, S. (2012). *Innovation Excellence, wie Unternehmen ihre Innovationsfähigkeit systematisch steigern* (1. Aufl.). Düsseldorf: Symposion Publishing.

Janowsky, K. (2000). *Wandel und Veränderung in der Betriebsgemeinschaft* (1. Aufl.). Renningen: Expert.

Jetter, F., & Skrotzki, R. (2008). *Führungskompetenzen* (1. Aufl.). Regensburg: Walhalla und Praetoria.

Joka, H. (2002). *Führungskräfte Handbuch* (1. Aufl.). Berlin: Springer.

Jones, G., & Bouncken, R. (2008). *Organisation: Theorie, Design und Wandel* (5. Aufl.). München: Pearson.

Jung, H. (2006). *Allgemeine Betriebswirtschaftslehre* (10. Aufl.). München: Oldenbourg.

Kämper, M. (2004). *Persönlichkeit und berufliche Leistung* (1. Aufl.). Hamburg: Diplomica.

Klaußner, A. (2009). *Phasenangepasste Unternehmensführung von Wachstumsunternehmen* (1. Aufl.). Lohmar: Josef Eul.

Knaese, B. (2004). *Das Management von Know-how-Risiken* (1. Aufl.). Wiesbaden: DUV.

Köppel, P. (2007). *Konflikte und Synergien in multikulturellen Team* (1. Aufl.). Wiesbaden: DUV.

Krüger, J. (2012). *Kooperationen und Wertschöpfungen* (1. Aufl.). Heidelberg: Springer.

Künzel, H. (2005). *Handbuch Kundenzufriedenheit, Strategie und Umsetzung in der Praxis* (1. Aufl.). Berlin: Springer.

Lieber, B. (2007). *Personalführung leicht verständlich* (1. Aufl.). Stuttgart: Lucius & Lucius.

Matyssek, A. (2007). *Führungsfaktor Gesundheit* (1. Aufl.). Offenbach: Gabal.

Müller, V. (2008). *Nachfolgertypen und Rollenkonflikte im Nachfolgeprozess von Familienunter-nehmen* (1. Aufl.). München: Rainer Hampp.

Neges, R., & Neges, G. (2007). *Führungskraft und Persönlichkeit* (1. Aufl.). Wien: Linde.

Pelzer, G. (2009): *Führen mit links* (1. Aufl.). Norderstedt: Books on Demand.

Pinnow, D. (2012). *Führen, worauf es wirklich ankommt* (6. Aufl.). Wiesbaden: Springer.

Polzin, B., & Weigl, H. (2009). *Führung, Kommunikation und Teamentwicklung im Bauwesen* (1. Aufl.). Wiesbaden: Vieweg und Teuber.

Richta, H. (2012). *Organisationales Lernen als erfolgsrelevantes Konstrukt im Rahmen der Internationalisierung von Unternehmen* (1. Aufl.). New York: Springer.

Scheer, O. (2011). *Strategische Reorganisation in Wachstumsunternehmungen* (1. Aufl.). München: Rainer Hampp.

Schmidt, E. (2011). *Strategische Führungskräfteentwicklung: Mitarbeiterbindung und Effizienzsteigerung durch spielerische Methoden im Managementtraining* (1. Aufl.). Hamburg: Diplomica.

Schön, C. (2011). *Mehr als bloß ein Job: Als Führungskraft unternehmerisch denken und handeln* (1. Aufl.). Offenbach: Gabal.

Schwuchow, K., & Gutmann, J. (2013). *Personalentwicklung, Themen, Trends, Best Practices 2014* (1. Aufl.). Freiburg: Haufe-Lexware.

Tschumi, M. (2014). *Praxisratgeber zur Personalentwicklung* (4. Aufl.). Zürich: Paxium.

Wagner, K., & Patzak, G. (2007). *Performance excellence* (1. Aufl.). München: Carl Hanser.

Walter, H. (2005): *Handbuch Führung* (3. Aufl.). Frankfurt a. M.: Campus.

Westermayer, G., & Stein, B. (2006). *Produktionsfaktor betriebliche Gesundheit* (1. Aufl.). Göttingen: Hogrefe.

Wiendieck, G., & Wiswede, G. (1990). *Führung im Wandel* (1. Aufl.). Stuttgart: Enke.

Withauer, K. (2011). *Führungskompetenz und Karriere* (1. Aufl.). Wiesbaden: Gabler.

York-Urban, F. (2008). *Emotionen und Führung* (1. Aufl.). Wiesbaden: Gabler.

MIX
Papier aus verantwortungsvollen Quellen
Paper from responsible sources
FSC® C105338

If you have any concerns about our products,
you can contact us on
ProductSafety@springernature.com

In case Publisher is established outside the EU,
the EU authorized representative is:
Springer Nature Customer Service Center GmbH
Europaplatz 3, 69115 Heidelberg, Germany

Printed by Libri Plureos GmbH
in Hamburg, Germany